IEUAN GWYLLT

(Y Parchedig JOHN ROBERTS)

gan

T. J. DAVIES

GWASG GOMER
LLANDYSUL
1977

Argraffiad Cyntaf — Gorffennaf 1977

ISBN 0 85088 476 4

J. D. LEWIS A'I FEIBION CYF.
GWASG GOMER, LLANDYSUL

Cyflwynaf y gyfrol hon

i gofio

un o dylwyth Ieuan Gwyllt,

y diweddar Barchedig D. J. EVANS, Capel Seion

Cadwodd radicaliaeth Ieuan Gwyllt yn fyw mewn canrif arall, ac yn ei fro ei hun, camp nid bychan.

CYNNWYS

RHAGAIR

Wn i ddim a oes gan ddaearyddiaeth rywbeth i'w wneud â'r ffaith imi ddewis Ieuan Gwyllt fel gŵr i sgrifennu amdano. Ces fy nghodi o fewn dwy filltir i Danrhiwfelen. Byddwn, wrth fynd â'r ceffylau i'w pedoli i efail y go' yng Nghapel Seion, yn pasio'r bwthyn uncorn a wisgai'r enw, ar y pryd. Ond, bu dylanwad arall : 'bugel Seion,' y diweddar Barchedig D. J. Evans. Roedd e'n un o dylwyth Ieuan Gwyllt ; ei famgu a fu'n magu Ieuan Gwyllt am y misoedd cynta am fod ei fam yn wael. Soniai e lawer am Ieuan Gwyllt. Ymddiddorodd ynddo a chasglodd yn helaeth ei waith. Rown i, a dweud y gwir, yn methu â deall pam yr oedd Ifans Seion â chymaint o ddiddordeb ynddo. Ni chofiaf fod 'bugel Seion' yn gerddor amlwg. Gwyddai elfennau cerddoriaeth, bid siŵr. Erbyn hyn gwelais y rheswm am ei edmygedd ; radicaliaeth Ieuan Gwyllt a apeliai ato, canys pa mor radical bynnag oedd John Roberts, ychwanegodd D. J. Evans at y traddodiad hwnnw. Go brin y byddai 'diwinyddiaeth' Sankey a Moody yn apelio at D. J. Evans, canys yr oedd y pellter rhwng Ieuan Gwyllt a D. J. Evans yn fawr yn y fan'na. Gwelent lygad-yn-llygad yn wleidyddol, heb os. Onid D. J. Evans oedd un o gefnogwyr cyntaf Plaid Cymru yn y fro ? Roedd rhywbeth mwy na gwaed Ieuan Gwyllt yn rhedeg yng ngwythiennau D. J. Evans. Diau fod yna reswm arall, a dyma gyfle i mi i ddiolch i'r ardal y ces fy magu ynddi am bob cyfoeth. Diolch yn benna, am y Cymreigrwydd uniaith. Ynddi y cesglais yn ddiarwybod y cyfoeth hwnnw a geir mewn iaith lafar ddilychwin. Mae arnaf ddyled, a chydnabod y ddyled honno a wnaf wrth ail gyflwyno un o'r meibion disgleiriaf a gododd yr ardal.

Mae arnaf ddyled i amryw a fu'n gefn i mi. Diolch i staff y Llyfrgell Genedlaethol, yn arbennig i Mr. D. Brynmor Jones a

Miss Rhiannon Francis Roberts, dau a wnaeth bopeth i helpu fy ymchwil. Diolch hefyd i staff Llyfrgell Ceredigion am aml gymwynas. Pwysais yn drwm ar lawer a sgrifennwyd amdano a cheisiais gyflwyno'r portread yn ddarllenadwy, a dyna'r rheswm am osgoi ' troed-nodiadau '.

Mae arnaf ddiolch i Eirlys am roi llety a brecwast i Ieuan Gwyllt am aea' cyfan ! Credaf iddi, ar dro, ddiflasu ar ei gwmni, ac ar dro arall ei gael yn gwmni difyr. Am gael dod ag e i'r aelwyd i rannu ein bywyd, diolch.

Eleni cofir am Ieuan Gwyllt oherwydd y mae can mlynedd oddi ar ei farw. Wedi treio rhoi help i werthfawrogi un o'n cymwynaswyr a wnes. Mae'n teilyngu ei gydnabod a'i gofio. Gwnaeth ddiwrnod da o waith.

T. J. *Llanddewi Brefi.* Gŵyl Ddewi, 1977.

IEUAN GWYLLT (1822—1877)

Roedd llond tŷ o blant yn Nhanrhiwfelen,
A Phistyllgwyn.
Digon i dy dad gael ysgol gân
Ac ysgol Sul.
Briwsionodd i chi gynghanedd cerddoriaeth
A chawsoch frechdanau o ddiwinyddiaeth galfinaidd,
I frecwast, cinio, te a swper.
Does ryfedd i dri ohonoch fynd i'r weinidogaeth.
Bwyd codi-pregethwyr a geid ar eich bord werinol.

Ni welodd yr Arglwydd yn dda i roi i ti blant ;
Yn ôl y cnawd.
Yn ei ddoethineb hollwybodol gwyddai mai gormod baich
Fyddai disgwyl i ti godi dau deulu.
Rwyt ti'n dad i nythaid o blant Cymreig,
A phob un ohonyn nhw yn y weinidogaeth, hefyd.
Pa sawl cylchgrawn cerddorol a anwyd ar dy aelwyd ?
' Blodau Cerdd ',
' Y Cerddor Cymreig ',
' Cerddor y Tonic Solffa '.
Ti a'u cenhedlodd.
Ti a anadlodd anadl einioes yn eu ffroenau.
Yn dy ddwylo di y buon nhw'n dysgu cerdded.
Wrth dy ford di yr oen nhw'n cal eu bwyd.
Gwir iddynt farw'n ifanc.
Fe wnest ti dy orau i'w cadw'n fyw.
Ysywaeth, un fel 'na yw Cymru.
Mae'n llwgu ei phlant gore,
Gan ddiffyg cefnogaeth,
A gadael iddynt ddihoeni a marw.

Mae'n siwr mai dy ffefryn di oedd,
'Y Gymanfa Ganu',
Cannwyll dy ddau lygad.
Megaist hi'n dyner,
Collaist nosweithiau o gwsg yn ei gwarchod,
Ymfalchiaist wrth ei gweld yn tyfu'n blentyn,
Cry;
Cydnerth;
A hyderus ei chân.
A doedd dim yn dy foddio'n fwy na'i chlywed yn canu'n harti
O Fôn i Fynwy,
A Chymanfa'r Pasg a'r Sulgwyn
Yn dod yn ddyddiad o bwys ar galendr yr eglwys.
Bu'r plant eraill farw'n ifanc.
Mae hon yn fyw o hyd,
Wedi troi'r cant, ers tro.
Ei gwallt yn gwynnu, mae'n wir;
Ei llais wedi crygu;
Ei chamau wedi byrhau;
Eto, mae'n dal i ganu mawl i Dduw ac i'r Oen;
Ac y mae'r gwersi a ddysgodd ei thad iddi
Yn dal i'w chynnal a'i chyfarwyddo.

Mae aelodau eraill o dy deulu,
Ac yn llyfr bedyddiadau tonau Cymru
Ceir eu henwau,
Moab, a anwyd yng Nghapel Seion,
Fel ti.
Brodorion o'r un fro ydych.
Rheidol, Ardudwy, Liverpool.
Mynn rhywrai na ddaw henaint i'w rhan fyth.

Er fod llond tŷ o blant gennyt ti,
Mabwysiedaist un arall.
Dotiaist at blentyn o'r Amerig.
A gofynnaist i Sankey a Moody
Am gael ei godi'n Gymro.
Ac fe'i bedyddiaist yn,
' Sŵn y Jiwbili '.
A phan gerddodd o ysgol Sul i ysgol Sul,
O ysgol gân i ysgol gân ;
O Gymanfa i Gymanfa ;
O Fand of Hope i Fand of Hope,
Derbyniwyd e gyda brwdfrydedd,
A daeth yn gymaint rhan o Gymru
 ' Hen Wlad fy Nhadau '.

Mae Cymru wedi canu clodydd
' Y Tadau Methodistaidd '.
Ond y mae tadau eraill,
Ac yn oriel y rheini ceir dy enw di,
Mewn llythrennau breision, goreuredig.
A ma' cofio am y plant a ollyngaist ti
I gerdded oddi amgylch gan wneuthur daioni,
Yn creu ' synnu fyth ar synnu '.
Wedi'r cwbl cymwynas go fawr
Oedd dysgu i Gymru ganu mewn tiwn
A hynny ar waetha'r ' cythrel canu ! '

Pennod 1

DWY OCHR I'R RHEIDOL

ROEDD cŵn-llwynog Plas Gogerddan yn llyfu'u gweflau a'u clwyfau drannoeth yr helfa; 'cotiau coch Gogerddan' yn gaglau hyd eu coleri; y ceffylau main â gwaith sgrafello a chribo arnynt; tipyn o waith adfer y sglein i'r cyfrwyau, ond diolch i'r drefen fedrech chi neud dim arall ar Ragfyr 27ain, 1822. Diwrnod milain oedd hi. Diwrnod i fod o dan do, heb os. Gwŷr y plas o flaen tanllwyth o dân yn yfed iechyd da i'r lwc a gawsant. Pe bai'r tywydd ar ŵyl San Steffan yn debyg i heddiw, wel, cicio'u traed yn y stabal fyddai hanes y ceffylau. Mae'n debyg y byddai'r cŵn wedi gwneud yn well pe baent yn y cenel, o leia, ddalion nhw yr un llwynog! Os nad oedd raid i feistr a gwas, ci a cheffyl droi mâs, stori arall oedd stori Evan Roberts, Tanrhiwfelen, Capel Seion. Yno roedd y traed bach yn hela'r traed mawr i gerdded. Anrheg Nadolig a ddisgwyliai Bet ac Evan Roberts, ond fel sy'n digwydd yn aml ar adeg fel'na, y post yn hwyr. Noson erwin oedd hi, yn bwrw cŵn-a-chathod, a herio'r elfennau i'r tad ifanc yn gryn dasg. Eto, nid y tywydd a'i blinai; gallai wynebu hwnnw. Roedd ei wraig yn bur wael, ei bywyd mewn perygl. Ni fedrodd wneud dim â'i phlentyn am fisoedd. Ymddengys erbyn hyn mai'r clefyd llaeth a'i poenai; nid oedd gyffuriau effeithiol i leddfu hwnnw ar y pryd. Mewn llythyr i'r *Cymro*, Ionawr 14, 1933, dywed y diweddar Barchedig D. J. Evans, Capel Seion (a oedd yn berthynas agos i'r teulu):

> "Bu'n adeg o bryder mawr yn hanes Ieuan Gwyllt pan aned ef, oherwydd gwaeledd ei fam. Fy mamgu, a oedd yn byw yn Fronfelen gerllaw a roes sugn iddo a'i feithrin am y misoedd cyntaf. Nid yw'n debyg y byddai Ieuan Gwyllt yn bod onibai am hyn."

Cafodd ei eni mewn storm, wynebodd aml i storm yn ei oes fer, a theg dweud iddo achosi ambell storm. Pa beth bynnag arall a geid yn ei waed, roedd y celloedd sy'n macsi stormydd yn ei wythiennau. Onid yw naws y storm yn yr enw a fabwysiadodd yn ddiweddarach, Ieuan Gwyllt ?

Soniais am ei dad, Evan Roberts, yn camu'n wrol i'r elfennau cynddeiriog nos geni ei fab cyntaf. Gogrwr oedd e wrth ei grefft. Go brin mai gogrwr a ddywedent yng Nghapel Seion, eithr y gwagrwr, a gwaith gwagrwr oedd gneud gwagre. Rhidyll i'r gogleddwyr a shife i'r deheuwyr. Crefft a ddiflannodd ers blynydde lawer. Dysgodd ei grefft gyda'i dad, a synnwn i ddim nad Evan Roberts oedd y gwagrwr ola'n y cymdogaethau. Gwnaent stoc o'r rhain yn eu gweithdy, yna eu cario i'r farchnad yn Aberystwyth. Yno câi'r ffermwyr gyfle i'w prynu. Cyn bod peiriannau nithio a dyrnu, rhai llaw a rhai a yrrid gan y ceffyl yn cylchdroi yn y gerin, rhaid oedd wrth y rhain i wagru'r ŷd ac i dynnu'r mwnws oddi wrth y grawn. Mae'n ymddangos i Evan Roberts gael hwyl dda ar y gwerthu un tro. Arian yn llosgi'n ei boced, sofrins melyn yn ysu am gael gwaith. Roedd nyth-llygod-bach yng nghorn gwddf Evan ers meityn. Aeth i 'lychu'i whistl', dyna'i fwriad. Ond pan ddaeth ato'i hun roedd hi'n hen bryd i droi tua thre. Roedd yn ffodus fod ei wraig Bet gydag e. Nid dyna'r unig dro iddo bwyso arni. Ysywaeth, roedd lled y ffordd yn waeth na'i hyd a gollyngodd ei hun yn swp ar fol y clawdd a chanodd bwt o rigwm,

"Os byth yr ewch i uffern,
Ac edrych yma a thraw,
Cewch weled Evan Robert
A'r gwagrau yn ei law."

Rhaid eu bod o ddeunydd go dda i ddal y fflamau ! Ac yr oeddynt, bid siŵr. Fe ddaw cyfle eto i sôn am syched Evan Robert, a'i syched am bethau mwy, chwarae teg iddo.

Cyfeiriwyd at ei wraig, Bet. Fe'u priodwyd yn eglwys y plwy, Llanbadarn Fawr. Hi oedd, ac yw, eglwys plwy yr ardal yna. Dyma'r cofnod, yn Saesneg. A fedrai un o'r ddau yr iaith fain, tybed ?

> ' Evan Robert of this parish, bachelor and Elizabeth of this family, spinster, were married in this church by banns on this 18th day of June, 1819, by me, Evan Morgan, curate, in the presence of Isaac Lloyd and John Edwards.'
>
> Arwyddwyd gan Evan Roberts
> Mark of X Elizabeth Lloyd

A'r groes yna yn golygu na fedrai dorri ei henw, mae'n debyg mai mam anllythrennog a gafodd Ieuan Gwyllt. Yn hynny o beth roedd yn debyg i lawer o famau Cymru y cyfnod hwnnw.

Hannai'r fam o linach Fethodistaidd, ei thad, yn ôl un adroddiad, yn ' dipyn o gynghorwr '. Roedd i'r ' cynghorwyr ' le pwysig a dylanwadol yn hanes cynnar y Methodistaid Calfinaidd. Byddai seiat neu gylch o seiadau o dan eu harolygiaeth. Awgrymir mai trwy ' oddefiad yn fwy na chaniatâd ' y gweithredai tadcu Ieuan Gwyllt, o ochr ei fam, fel cynghorwr. Yng nghyfrol T. Eiddon Jones i Ieuan Gwyllt, ceir y nodyn hwn :

"Yr oedd hi yn ferch i Sion Llwyd, yr hwn oedd yn ei ddydd yn pregethu gyda'r M.C. Ganwyd hi Awst 6, 1792. Yr ydym yn rhoddi hyn ar awdurdod chwaer Ieuan Gwyllt. Yn y Drysorfa am 1836, tudalen 252, mae rhestr o bregethwyr a gweinidogion Sir Aberteifi ; y rhai oeddynt wedi meirw a'r rhai oeddynt yn fyw, ond nid yw Sion Llwyd yn cael ei enwi."

Mae'n debyg mai'r rheswm, neu un o'r rhesymau am hynny yw mai yn Nhrefeglwys, sir Drefaldwyn yr oedd ei gartre. Teiliwr oedd wrth ei grefft, felly roedd dau dadcu Ieuan Gwyllt yn grefftwyr gwlad.

Â'r nodyn yn ei flaen—

"Deallwn fod awydd i bregethu wedi bod ar Isaac, mab Sion Llwyd, yr hwn a noswyliai am dymor yn nhŷ'r capel, Penllwyn, ond ni chyrhaeddodd y nôd. Yr oedd pregethu yn y gwaed." Dywed Ieuan Gwyllt na fedrai anghofio gweddïau ei fam dduwiol. Os methu wnaeth ei brawd Isaac â 'chyrraedd y nôd', cafodd hi fyw i weld tri mab iddi yn cyrraedd y nod a dod yn bregethwyr rheolaidd gyda'r Methodistiaid Calfinaidd.

Er mwyn synhwyro i ba gyfnod y ganwyd Evan ac Elizabeth Roberts; roedd Daniel Rowland, Llangeitho yn ei fedd ers dwy flynedd cyn geni mam Ieuan Gwyllt, a'r Pêr Ganiedydd (1791) wedi 'distewi a mynd yn fud' ers blwyddyn. Roedd Bet Roberts yn ferch ifanc ddwy-ar-bymtheg oed pan fu farw Thomas Charles o'r Bala. Cywir ei galw yn gyd-oeswr â Mari Jones o Fryncrug. Digon tebyg i'r ddau glywed John Elias o Fôn. Buont yng nghanol helynt yr 'Ordeinio Cyntaf' yn 1811, a diau iddynt fyseddu yr argraffiad cyntaf o *Gyffes Ffydd* y Methodistiaid Calfinaidd a welodd olau dydd am y tro cyntaf yn Aberystwyth ym 1823. Ac efallai y bydd o help i gofio fod Henry Richard, Tregaron (1812) ddeng mlynedd yn hŷn na Ieuan Gwyllt. Roedd y ddau i gwrdd tua chanol y ganrif.

Plant machlud y diwygiad Methodistaidd oeddynt. Eto, os nad oeddynt yn ddyddiau o ddiwygiad, roeddynt yn ddyddiau o ddigwydd, oherwydd yr oedd cyfnod yr ail-genhedlaeth yn gyfnod pwysig.

Cyn rhoi sylw i'r tad, gwell troi i Danrhiwfelen. Os ydych yn teithio i Gapel Seion, trwy Benparcau, yna prin filltir tu hwnt i'r pentre fe ddewch at Danrhiwfelen, ar ochr y ffordd fawr.

Mae'n ymddangos fod amheuaeth wedi codi yn y tri-degau, ynglŷn â man geni Ieuan Gwyllt. Bu gohebu dygn yn *Y Cymro*. Mewn erthygl, 'Ple ganed Ieuan Gwyllt ?" a ymddangosodd ar Ionawr 14, 1933, dyma a ddywed gweinidog Capel Seion, ar y pryd, D. J. Evans :

"Yn ei lith i'r *Cymro* fe brawf y Parchg Hugh Edwards ddwy ffaith, (yntau yn frodor o Benllwyn. T.J.)

(*a*) mai yn Nhanrhiwfelen y ganed Ieuan Gwyllt,

(*b*) mai ymfudo o ardal Capel Seion i ardaloedd Penllwyn a Goginan a wnaethai ef a'i rieni, rywbryd ar ôl ei eni.

Y mae felly yn cadarnhau yr hyn a ddywed 'Capel Seion' yn ei lith o'r blaen, sef, yn Nhanrhiwfelen y ganed Ieuan Gwyllt, ac nid ym Mhenllwyn.

Ym Mawrth 1823, y dechreuwyd cofrestru bedyddiadau yng Nghapel Seion. Cyn hynny eid â phlant i'w bedyddio i Aberffrwd, Penllwyn, Cynon a Rhydfelin, yn ôl cyfleustra. Ceir enwau llawer o'r hen ardalwyr cyn 1832 ar Gofrestr Bedydd un o'r capeli uchod. Ond nid y lle y bedyddiwyd Ieuan Gwyllt ynddo ydyw'r cwestiwn, ond y lle y ganed ef.

Y mae gan Benllwyn, Goginan, Aberdâr a Lerpwl hawl ar Ieuan Gwyllt. Nid oes neb yn gwadu hynny. Ond un lle yn unig a fedr hawlio ei eni, sef, Tanrhiwfelen, Capel Seion. Rhodd ardal Capel Seion i'r lleoedd uchod ac i Gymru yw Ieuan Gwyllt."

Brwydr oedd hon a ymladdwyd ar golofnau'r *Cymro* adeg dathlu canmlwyddiant geni Ieuan Gwyllt (1922). Roedd John Morris, o Benllwyn, yn awyddus iawn i hawlio Ieuan Gwyllt. Mewn erthygl gynharach ar Fawrth 30, 1921, ceir a ganlyn:

"Ar hyn o bryd y mae hen lyfr Cofrestiad Bedyddiadau Eglwys Penllwyn, o dan fy ngofal, ac yr wyf wedi tynnu allan gopi gwir o'r manylion a geir yn hwnnw am fedydd plant Evan Roberts, tad Ieuan Gwyllt.

No:	*Child's Name:*	*Name of Father and Mother:*
31	Elizabeth	Evan Roberts and Elizabeth his wife
54	John	,, ,, ,, ,, ,, ,,
87	William	,, ,, ,, ,, ,, ,,
117	Robert	,, ,, ,, ,, ,, ,,
150	Isaac	,, ,, ,, ,, ,, ,,

Former Name of Mother :	*Father's business :*	*Parents Residence :*
Elizabeth Lloyd, spinster	Sever maker	Rhiwarthen -Mill
,, ,, ,, ,,	,, ,,	Rhywfelen
,, ,, ,, ,,	,, ,,	Tanyffordd
,, ,, ,, ,,	,, ,,	Pistyllgwyn
,, ,, ,, ,,	,, ,,	,,

When Baptized :	*Where Baptized :*	*By whom baptized :*
April 30, 1820	Penllwyn Chapel	Dd. Evans, Pengarreg
January 30, 1823	,, ,,	,, ,, ,,
Dec., 13, 1826	,, ,,	Evan Evans, Abernant
March 14, 1830	,, ,,	David Jenkins, Llanilar
June 27, 1836	,, ,,	John Davies, Nerquis

Wedi rhoddi y ffeithiau yna mae John Morris yn galw D. J. Evans, Capel Seion, i gyfri. Roedd D. J. Evans wedi llythyru dipyn ar y pwynt.

"Dywed Mr Evans yr arferid bryd hynny cyn codi y capel alwyd yn Capel Seion, fynd â'r plant i'w bedyddio i un o'r capeli cyfagos, Cynon, Aberffrwd, Penllwyn neu Rhydyfelin ; ac mai hynny sydd yn cyfrif, ac mai dyna'r eglurhad am y ffaith a nodir yn fy ysgrif, sef, fod Ieuan Gwyllt wedi ei fedyddio yng nghapel Penllwyn. Dywedaf innau yn bendant, nage ddim, ni fedyddid neb ym Mhenllwyn ond plant aelodau yr eglwys, ac yr wyf yn amheu yn fawr y gwnai un o'r eglwysi eraill hynny chwaith. Yr oedd yn groes i'r rheolau. Gweinidogion yr Annibynwyr fyddai yr adeg honno yn bedyddio plant pawb. Nid oedd hen flaenoriaid eglwys Penllwyn yn galw nac yn trefnu i weinidogion y Cyfundeb fedyddio plant neb ond eiddo aelodau yr eglwys, a gallaf innau sicrhau fod hynny'n gywir, gan i mi wneud ymchwiliad manwl drwy lyfr y Bedyddiadau o'i gychwyniad yn 1811 hyd 1859 pan y sefydlwyd y bugail cyntaf, sef, y Parchg. Thomas Edwards. Ac wrth fedyddio plant Evan Roberts yma ni wnaed dim afreolaidd waeth yr oedd ef a'i briod, Elizabeth, yn aelodau cyflawn yma, a'u henwau ar Lyfr Aelodaeth yr Eglwys pan fedyddiwyd eu plentyn cyntaf—Elizabeth—aned yn Felin Rhiwarthen—ac y mae y lle hwnnw yn ddiamheuol yn yr ardal hon, a'r un modd eu hail blentyn, John, aned yn Nhanrhiwfelen,ac hefyd y plant eraill aned yn Tynyffordd a Pistyllgwyn. Nid pellter ffordd o'r capel oedd yn penderfynu pwy oedd yn aelodau o'r eglwys, ond fod eu henwau ar lyfr Aelodaeth yr eglwys, yn cyfrannu tuag ati ac yn ffyddlon i'w moddion. *Ac y mae enwau Evan Roberts a'i briod Elizabeth Roberts i'w gweled heddyw ar hen lyfr Aelodaeth yr eglwys hon y buwyd yn ddigon ffodus i gael o hyd iddo yn ddiweddar.* Gallaf ychwanegu yn awr fod enw John Roberts i'w weld yn y llyfr hyn hefyd, wedi ei roddi mewn pan ddaeth yn gyflawn aelod, a'i rif yw 236. Byr iawn fu tymor arhosiad y teulu hwn yn Nhanrhiwfelen ; tair blynedd ar yr eithaf. Yr oeddynt yn byw yn Felin Rhiwarthen pan fedyddiwyd eu plentyn cyntaf, Ebrill 30, 1820, ac a chaniatau iddynt symud oddi yno, Mai 30, 1820, i Danrhiwfelen, ac aros yno hyd Mai 13, 1823, ni wna hynna ond tair blynedd. Yma i Benllwyn y deuai Evan Roberts a'i briod ar y Suliau gyda ffyddlondeb tra buont byw yn Nhanrhiwfelen."

Rhwng gwŷr Pentyrch a'i gilydd ! Un peth sydd yn siŵr, ni ellir gosod *Tanrhiwfelen* yn unman ond yng Nghapel Seion, a'r rheswm paham na fedyddiwyd Ieuan Gwyllt yn ei bentre genedigol yw mai yn 1823 y codwyd capel yno.

Mae'n amlwg i'r teulu hyn symud tipyn yn y blynyddoedd cynnar cyn setlo i lawr ym Mhistyllgwyn, Melindwr, rhwng Penllwyn a Goginan. Beth bynnag, Capel Seion a Phenllwyn yw ardaloedd Ieuan Gwyllt, a heb ronyn o amheuaeth, Tanrhiwfelen yw man ei eni.

Ond gwell i ni droi at y gŵr a heriodd yr elfennau nos ei eni, sef ei dad. Cymeriad nodedig, ar lawer cyfri, crefftwr, cerddor deallus, seiadwr graenus, un a gymhellwyd i bregethu fwy nag unwaith, ond ' roedd weithiau yn y seiat ac weithiau yn y byd ', a'r cwrw coch oedd gwraidd y trwbwl !

Dyma a ddywed y Parchedig Trebor Ll. Evans, yn ei gyfrol ar *Lewis Edwards*, tudalen 23,

"Ond yn gyfamserol a'i lafur yn yr ysgol ym Mhenllwyn daeth i gyffyrddiad â hen ogrwr, yr hwn, am nad oedd ddigon o waith yn ei linell neillduol ei hun, a weithiai fel labrwr yn go aml ar fferm Pwllcenawon, sef, yr hen Evan Roberts, tad Ieuan Gwyllt. Nid wyf yn cofio yr hen Evan, er fy mod yn cofio ei hen wraig yn dda. Gwendid yr hen Evan oedd yfed tipyn yn fwy nag oedd ddoeth pan y cai gyfle, yr hyn a'i dygai o bryd i bryd dan ddisgyblaeth eglwysig.

"Ie, ie," ebe'r hen Evan, "yr ych chi i gyd yn gwybod am fy yfed i, ond wŷr neb ohonoch am fy syched ! !" Cyfrifid ef gan bawb yn ddyn tra athrylithgar yn ei ffordd, ac ymgodymai trwy ei oes â phroblemau mawrion diwinyddiaeth. Yr oedd ef a Lewis Edwards, Lewis bach, yn gyfeillion mawr, ac yn meddwl yn uchel am alluoedd ei gilydd, ac yr oedd traddodiad ar led yn yr ardal pan oeddwn i yn fachgen mai yr hen Evan a roddodd y symbyliad cyntaf i feddwl y bachgen bach."

Mewn llythyr i'w rieni ym Mawrth 1830, dywed Lewis Edwards,

"Cofiwch fi yn garedig at holl deulu y Lasgrug, at yr holl frodyr a chwiorydd yn Penllwyn, Modryb Beti, *Evan Robert*, Sion Lewis (Tud. 28-29, *Lewis Edwards*, T.Ll.E.)

Mae'n amlwg fod iddo le cynnes a phwysig yn hanes cynnar Lewis Edwards. Teyrnged nid bychan i'w gymeriad a'i gyraeddiadau.

Gan fy mod yn dyfynnu, gwell ychwanegu y nodyn hwn,

"Ni wybu am dlodi fel y gwybu un o'i gyfoedion, Ieuan Gwyllt. Nid oedd byth lai na digon yn eu cartre hwy. Gwir na aned ef â llwy arian yn ei enau, ond yr oedd ganddo lwy bren bob amser, tra y ganed Ieuan Gwyllt a'i frodyr heb yr un llwy o gwbl." (Tud. 17, *Lewis Edwards*, T.Ll.E.)

Cymeradwywywyd Evan Roberts ddwywaith fel pregethwr gan yr eglwys ym Mhenllwyn, ond wedi'r eildro, bu cwymp. Aeth i ddathlu y noson honno a chlywodd awdurdodau'r Cwrdd Misol am yr yfed. Dyna bendraw ar ei obeithion fel pregethwr. Eto, cododd dri mab i'r weinidogaeth, hynny'n dweud llawer am naws a phwyslais yr aelwyd werinol hon. Pan ddaeth y mudiad dirwestol i'r fro aeth Evan Roberts i'r cyfarfodydd.

"Tua'r adeg y daeth Cymedroldeb a Dirwest i'r wlad, ymddengys y cynhelid cyfarfodydd pryd y gallai'r dynion arwyddo ardystiad i fod yn gymedrolwyr, a derbyn y garden goch, neu i fod yn llwyrymwrthodwyr a derbyn y garden wen. Mewn un cyfarfod felly ym Mhenllwyn, lle yr areithid yn wresog, a than wres areithyddiaeth daeth Evan Robert ymlaen a chymerodd y garden goch yn arwydd o gymedroldeb, a mawr oedd llawenydd ei deulu, o'i weled yn dyfod hyd hynny, ond fel yr oedd y cyfarfod yn mynd ymlaen gwresogodd y tân, a daeth drachefn ymlaen a chymerodd y garden wen yn arwyddo llwyr-ymwrthodiad, ac ar ei ddyfodiad, dywedai y Parchg Edward Jones, Aberystwyth, yr hwn oedd yn un o'r siaradwyr :

'Yn awr amdanat ti, Ianto bach, neu byth,' a chadwodd ei ymrwymiad am ei oes." (*Ieuan Gwyllt,* T.E.J., tud. 5).

Wedi hynny fe'i hetholwyd yn flaenor.

Tybed a oedd a fynno syched ei dad â'r englynion a gyfansoddodd Ieuan Gwyllt yr adeg yma ?

O feddwyn cymer funud—o hamdden,
I edrych ar hawddfyd.
A fydd byth, mewn bythol fyd
Ystyria, ddyn di-styrllyd.

Ystyria mai nid story—yw dwedyd
Fod digter Duw'n crogi,
Uwch dy ben, a'th benyd di
Yw 'Teyrnas Nef' ni weli.

Mae gwaeau Duw gwirionedd—a'i felldith
Heb balldod, mae'n rhyfedd
Uwch ben pawb sy'n yfed, medd
Cant boeni byth heb ddiwedd.

Dyma i chi John Morris o Benllwyn eto,

"Nid yng Nghapel Seion ychwaith y cafodd y bachgen hwn ei addysg gerddorol. Na, fe ddeffrowyd y nwyd gerddorol ynddo ef yn gyntaf oll gan ei dad, yna daeth yn yr ardal hon dan addysg Dafydd Siencyn o'r Borth a James Mills, ac un arall o'r enw Thomas Jenkins, fel y cawn ei fod erbyn cyrraedd 14eg oed wedi dod i ddeall yn lled dda egwyddorion cerddoriaeth ac wedi dechrau cyfansoddi rhai tonau, ac fe ddywedir fod ganddo gôr yn yr ardal hon cyn bod yn bymtheg oed."

Os oedd canu mewn bri ym Mhenllwyn, felly hefyd yng Nghapel Seion. Nid peth cyfyngedig i un ardal mohono, ac yn ei gyfrol ar *Hanes Capel Seion*, dyma ddywed D. J. Evans,

"Yr oedd bri mawr ar ganu yn yr ardal hon pan oedd Ieuan Gwyllt yn hogyn. Fel hyn yr ysgrifenna Edward Jenkins, Gwalia, Llandrindod, ' Nid oes amheuaeth gennyf na chafodd Ieuan Gwyllt lawer o'i addysg gerddorol yng nghymdogaeth Capel Seion ym mlynyddoedd 1836 hyd 1846. Yr oedd hen deulu Nantybenglog yn gantorion rhagorol ac yr oedd yn byw yn agos iddynt ddynion a fedrai yn fedrus chwarae yr offerynnau. Yn fy amser bachgenaidd i clywais hwynt lawer gwaith. Yr oeddynt yn byw heb fod ymhell o Nanteos, a thueddir fi i gredu fod Nantybenglog, Nantyrhydd a lleoedd eraill wedi bod o help i ddysgu cerddoriaeth i Ieuan Gwyllt. ' Felly ganwyd Ieuan Gwyllt mewn bröydd lle'r oedd cerddoriaeth, yn enwedig cerddoriaeth y cysegr yn ddiddordeb byw."

Ceir tystiolaeth fel hyn i Benllwyn :

"Yr oedd yr Ysgol Sul mewn bri mawr yno, a diamau i'r ardal hon, yn gystal ag eraill, deimlo oddi wrth y cynhyrfiad grymus a roddwyd i'r Ysgol Sul trwy lafur y Parchg Owen

Jones, Gelli, pan yn ddyn ieuanc yn Aberystwyth. Ac wrth wneud ymholiad ynghylch yr hen bobl, cawn fod yno hen weddiwr neillduol o'r enw Thomas Abel, a blaenor o'r enw Lewis Edwards, yn ddyn rhagorol." (*Ieuan Gwyllt*, T. Eiddon Jones, tud. 4.)

Dyma oes aur yr Ysgol Sul, heb os. Mae dyled Cymru yn fawr iddi. Hon yw'r graig y'n naddwyd ohoni. Ystyriwch y ffeithiau hyn, a diau y dangosant gyfeiriad a chymeriad yr ardaloedd y magwyd Ieuan Gwyllt ynddynt gystal â dim.

Mewn llyfr cyfrifon yr Ysgol Sul, sef, adroddiad o gyfrifon Cyfarfod Dau Fisol yn cychwyn gydag Aberffrwd, Mehefin 2, 1847, ceir colofnau sy'n siarad cyfrolau.

Ymwrthodwyr â thybaco ; Diweirdeb a Dirwestwyr.

Ym 1847—150 yn ymwrthod â thybaco ; ym 1856 ceir 160. Cynnydd ara ! Ni lanwyd y golofn ar ôl 1869 pryd y ceir y ffigur o 192.

Diweirdeb—192 a *Dirwestwyr*—200

Ym 1859—60, *Diweirdeb*—231 a *Dirwestwyr*—201.

Ni ellir heddiw brisio cyfraniad y mudiad dirwestol a'r Ysgol Sul. Glanhawyd ardaloedd. Sobrwyd cymeriadau, a thad Ieuan Gwyllt yn eu plith. Pan rowch chi y tri pheth, diddordeb cynyddol mewn canu, y mudiad dirwestol a'r Ysgol Sul ynghyd, mae gyda chi bwerau nerthol iawn er daioni a dyrchafu gwerin mewn ardal. Mae'n amlwg i'r tri yna gydio'n drwm yn ardaloedd Ieuan Gwyllt. Buont yn siglo'i grud yntau. Yn wir, fe'u cafodd gyda'i laeth.

Trewais ar ystadegau diddorol am y flwyddyn 1879. Fe'u ceir yn *Yr Arweinydd*, Rhif 55. Gorffennaf 1880.

Ystadegau y Methodistiaid Calfinaidd yn rhan ogleddol Sir Aberteifi, am y flwyddyn 1879 :

Lleoedd :	*Mewn Cymundeb :*	*Aelodau yr Ysgol Sabothol :*	*Gwrandawyr :*
Capel Seion	106	163	200
Penllwyn	244	397	532
Siloh, Aberystwyth	450	730	1,000
Tabernacl, ,,	615	1,304	1,400
Aberffrwd	88	135	133
Cynon	143	158	170
Gosen	136	168	284

Onid yw ffigurau fel'na yn peri i rywun ddistewi a mynd yn fud ? Sylwer fel y mae'r Ysgol Sul yn lluosocach ei haelodaeth ymhob achos. Dyna gyfnod Ieuan Gwyllt, roedd y sŵn ym mrig y morwydd yn ei ddyddiau cynnar, o leia. Rhaid cofio am ddiwygiadau, un y cyfeirir ato fel diwygiad ' Dyffryn Paith ' yn y tri degau a Dafydd Morgan a Diwygiad '59. Rhyfedd y newid yng ngogledd Aberteifi !

Mae'r hyn a ddywedwyd yn egluro, i fesur, ddiddordeb Ieuan Gwyllt mewn cerddoriaeth. Ond ym mha le y dysgodd y cynganeddion ? Gwelsom i'w dad, yn ei ddiod fathu rhigwm, a cheir bod Ieuan Gwyllt yn hoff iawn o'r awen. Canodd lawer o benillion, rhai at wasanaeth yr Ysgol Sul, mae'n siŵr. Yn wir, canodd i'r Ysgol Sul :

Mawl i'r Iesu fo'n dragwyddol
Am yr ysgol rad Sabbothol,
A'i manteision llawnion, llon.
Ar ei bwrdd cawn hyfryd luniaeth,
Melus wleddoedd iechydwriaeth,
  Rhodd Duw Ion i ni yw hon.

Llwyddo wnelo drwy'r holl wledydd,
   Miloedd eto ddelo'n ufudd,
Fel y seinier peraidd glodydd
   I Dduw Jacob ein gwaredydd,
Drwy bob parth o'r byd o'r bron.

Cofiwn fod ei fam yn anllythrennog, felly llawer o ddeiliaid yr Ysgol Sul, a'r unig beth amdani oedd dysgu ar y cof. Hawdd deall y galw am gael penodau o'r Beibl ar gân, a dyna a wnaeth Ieuan Gwyllt â'r bennod 53 o broffwydoliaeth Eseia.

1 Pwy gredodd i'n hymadrodd,
I bwy y datguddiwyd rywfodd
Fraich R'Arglwydd mawr a'r hyn a wnaeth
Ei arfaeth a'i weithredoedd.

2 Cans fe dyf fel Blaguryn
Ac fel rhyw wreiddyn sychlyd,
A'i flaen heb bryd na thegwch gwedd,
Doedd gennym hedd i'w ddilyn.
A phan edrychom arno,
Ni bydd dim tegwch ynddo,
Fel y gallom ni trwy weld ei bryd,
A'i lendid ei ddymuno.

3 Dirmygus yw ef gennym,
Diystyraf yw o bob dyn,
Gofidus yw a llawn o boen
Â dolur mae'n gynefin.
Yr oeddym fel yn cuddio
'Nhwynebau oddi wrtho,
Dirmygus oedd, ni wnaethom ni
Ddim cyfri chwaith ohono.

4 Diau efe gymerodd,
Ein gwendid ni o'i wirfodd,
A'n holl ddoluriau mawr yn un
'Nei gorph ei hun fe'i dygodd.
Ond eto wedi ei faeddu,
Yr oedd efe er hynny,
Ei daro a'i gystuddio'n drwm
Gan Dduw, gadd hwn gwnaem gyfri.

5 Fe gafodd ei archolli
A'i ddryllio'n drwm, er hynny.
Am feiau gwaedfawr llwch y llawr
Dioddefodd fawr galedu.
Â chosb ein heddwch ydoedd,
Ar Iesu glan yn gorwedd
A thrwy ei gleisiau ef y daeth
I'n Iachawdwriaeth ryfedd.

6 Fel defaid y crwydrasom
I'w ffordd ei hun bawb troisom,
A'r Arglwydd roddes ein holl fai
Ar Iesu difai ffyddlon.

7 Efe a gadd orthrymder,
Goddefodd gystudd lawer.
Ac nid agorai'i enau chwaith
Tra fu yng ngwaith y blinder.
Fel Oen yr aeth i'r lladdfa,
Fel dafad a ddistawa,
Dan law ei chneifwyr, felly'r oedd
Un gair ni ddaeth o'i enau.

8 O garchar ac o adfyd,
O farn fe a'i cymeryd,
A phwy a draetha ei oes wiw ?

O dir y byw y'i torrwyd.
Am holl gamweddau'i bobol
Rhoed arno bla dinistriol.

9 A chyda'r anwir gwnaeth ei fedd
I'w gorph a'i wedd yn farwol
A chyda'r gŵr mawreddus
Yn ei farwolaeth boenus,
Na'i enau yn dwyllodrus
Am na wnaeth ddim erioed ar fai.

10 Fe fynnai'i Arglwydd sanctaidd
I ddryllio'r Iesu puraidd
Efe a'i clwyfodd, gwir yw'r gair,
Ond ynddo cheir dim camwedd
A phan osodo'n gyflawn
Ei enaid pur a chyfiawn
Yn aberth dros bechodau i'w dad
Fe wel ei had yn uniawn.
Ei ddyddiau a estyna
Ewyllys Duw a lwydda,
' Nei law,
A gwel lafurwaith drud
Ei enaid hyd yr eitha'. (1839)

Anwastad ydynt o ran crefft eto gwelwn eu gwerth i'r Ysgol Sul. Roedd yn amlwg bod galw am y math yma o ddarpariaeth. Rhinwedd y math yma o ganu yw ei fod yn glynu'n glòs wrth yr Ysgrythur. Onid oedd Salmau Cân Edmwnd Prys yn batrwm?

Mae cerdd hir arall o'i waith yn ei ddyddlyfr sef *Ychydig o Benillion mewn ffordd o Weddi, rhai o gyfansoddwyd dydd Llun, y 6ed o Ionawr,* 1840.

1 O Arglwydd Ior gostwng dy glust
At athrist gwynfan Sïon,
Na ddyro hi er mwyn ein brawd
Yn wawd i'n holl elynion.

2 Bendithia heddyw, O ! ein Duw,
Mae amryw bron a dwedyd,
Pa le y mae eich Duw yn awr ?
A ddarfu ei fawr gadernyd ?

3 Pa le mae'r Duw rwygodd y môr ?
Agorodd ffordd trwy'r dyfnder,
A droes Iorddonen gref yn ôl,
A ddarfu ei nerthol gryfder ?

4 Mae'r gwersyll fel yn aros nawr,
Heb fawr o sôn am gychwyn ;
Cysgadrwydd drosom sydd fel pla,
Tosturia, Arglwydd frenin.

5 Ieuenctid hawddgar, flodau'n gwlad,
Heb nabod Duw eu Tadau,
Ar hyd y lydan ffordd yn llu,
Sy'n gyrru tua'r fflamau.

6 Yn hardd feinteoedd, lluoedd llon,
Yn gyson dont i ddysgu,
Dy wirioneddau mawr eu bri
Er hynny'n gwargaledu.

7 Ac eraill sydd yn gyrru mlan
Tua'r tân mewn cyhoedd bechod,
Rhai'n falch, a rhai'n anniwair sŷ,
A llu yn dilyn medd-dod.

8 Er cymaint sydd o foddion gras,
Ac addas Gymdeithasau ;
Mae'r byd o hyd fel yn y bedd
Yn gorwedd yng nglyn angau.

9 Mae'th anfonedig weision gwiw
A'i hamryw ddoniau Deuol,
A'i cwbl oll, rhy fach o hyd
Heb allu'r Ysbryd nefol.

10 O Dduw cyflawna ar ein byd,
Dy hyfryd rad addewid,
Sef, ar bob cnawd yn fawr a mân,
Tywelltit dy lan Ysbryd.

11 Ar wir addewid Crist ein brawd
Pan oedd mewn cnawd yn gweini
A'i aberth gwerthfawr roes Efe,
Mae sylfaen gre' ein gweddi.

12 Oni ddywedaist, Iesu mad,
'Namddifad ni'ch gadawaf,
Am hyn na fyddwch mwy yn brudd
Diddanydd a anfonaf.

13 Pan ddel efe, gwna ryfedd waith,
Mewn anrhaith wna i'r Diafol,
Fe a ddatguddia lygaid dyn
Nes gweld ei hun yn hollol..

14 Fe ddengys iddo'i haeddiant drud,
A'i enbyd gyflwr gwreiddiol,
Ei ddwfn glwy, di-farwol friw
A digter Duw anfeidrol.

15 A'i gleddyf noethlwm yn ei law
Yn bygwth taraw'r euog,
Ac yntau heb un cysgod clyd
Rhag ergyd Hollalluog.

16 Ac yna pan fo dyn yn drist,
Fe ddengys Crist i'w feddwl,
A'i aberth gwerthfawr roes Efe,
Nes boddio'r Ne yn gwbwl.

17 Fe ddengys iddo atto'n glir,
Ei fod yn wir bechadur
Ai fod yn halogedig un
Mewn gerwin ddirfawr ddolur.

18 Fe ddengys Grist, y meddyg da,
I wella'i bla angeuol,
A'r ffynnon goch gaed ar y bryn
A ddichon olchi'n hollol..

19 Fe ddengys Grist iddo bob peth
Yn gryfder i'r methiedig,
Offeiriad, Proffwyd, Brenin Mawr,
I lwch y llawr yn Feddyg.

20 Yn Frawd, yn gyfaill, Priod gwiw
Yn Dduw, yn Ffyddlawn Freichiau
Yn ganol ŵr, rhwng Duw a dyn,
Yn Dduw, yn ddyn yn ddiau.

21 Pan ddel yr Ysbryd Glan i'r tir
Gwna'r crasdir yn ffynonau,
Gwna'r graig yn llyn o ddŵr yn llu,
Ai dŷ yn nhrigfa dreigiau.

22 Fe wna'r anialwch megis gardd
A'r byd fel hardd baradwys,
A'r hen ddiffaethwch wna Efe,
Yn harddle iddo i orphwys.

23 Gwna'r balch yn ostyngedig un
Yn hawdd ei drin a'i dreiglo,
Ar llew yn oen Efe a'i gwna
Ni ddryga blentyn sugno.

24 Gwna'r fuwch a'r Arth i bawr ynghyd
A'r llydnod i gydorwedd.
Y llo a chenau'r llew a fydd
Yn llonydd yn ei hannedd.

25 Fe argyhoedda'r byd o'i bla,
Rhagflaena'r Ie'nctyd tirion
Fe'i try yn ôl o'u llwybrau gau
I lwybrau Brenin Seion.

26 Am hynny Arglwydd tywallt Ef,
O Lys nef i Gymry,
Ac ar y byd i gyd o'r bron,
Yn ffyddlon ysbryd gweddi.

27 I'r Eglwys doed yr Ysbryd Glan,
Fel tân i buro Seion,
Ac ar y crasdir oll i gyd,
O doed dy Ysbryd tirion.

28 O tywallt di yr Ysbryd Glan,
Yn fuan yn gawodydd,
Mewn modd na welodd neb erioed,
O boed y mawl i'r Arglwydd.

Deunaw oed oedd Ieuan Gwyllt pan ganodd honna. Mae'n rhyfedd o aeddfed, onid yw ? Hefyd, mae'r grefft yn sicrach. Os oedd yn trwytho'i hun yn egwyddorion cerddoriaeth, mae'n eglur ei fod yn rhoi sylw i farddoniaeth.

Drwy roi sylw i'r ' dylanwadau ' rydym wedi gadael am funud yr addysg ffurfiol a gafodd. Ym Mhenllwyn ceid dwy ysgol, os mai dyna'r enw ar yr hyn a geid yno. Yn ôl arfer y cyfnod hwnnw, sowldiwr wedi rhoi ei arfau o'r neilltu oedd yn gyfrifol am un, "yr unig gymwysterau, os cymwysterau hefyd, a feddai i'w swydd oedd ei fod yn medru Saesneg, wedi bod yn Llundain, ac wedi ymladd dros ei wlad, hen filwr, methiedig". (Tud. 21, *Lewis Edwards*, T.Ll.E.) Wedi cyfeirio at anaddasrwydd yr athro hwn, fe â'r dyfyniad ymlaen i sôn am ysgol arall,

"Diddorol i ni a welodd fesur addysg Butler 1944 gyda'i bwyslais ar ' equipment ' yw darllen am hen ysgol Penllwyn yn yr hen gapel tô gwellt. Meinciau yn unig oedd yn y capel, oddigerth bod un côr hir bob ochr i'r pulpud ac un gyda'r wal !"

Disgybl yn ysgol y capel, fel y disgwyliech, oedd Ieuan Gwyllt, a Lewis Edwards, cefnder i'r Dr. Lewis Edwards, y Bala, yn athro arno.

"Clywais yr hen athro yn dweud, er iddo fod yn cadw ysgol am faith flynyddoedd, na welodd neb yn dysgu mor gyflym a John Roberts. Nid oedd gan yr hen athro, mae'n wir, ddim llawer i'w ddysgu i'r plant, *Arithmetic* yn ôl Walkingham, a'r *Tutor's Guide,* ond er mwyn tipyn o amrywiaeth, gosodai yr hen athro y bechgyn goreu, yn enwedig y rhai y meddyliai eu rhieni eu dwyn i fynu yn offeiriaid, i ddysgu yr Eton Latin Grammar, yn Lladin ar eu côf." (*Ieuan Gwyllt*, T. Eiddon Jones, Tud. 13.)

Diddorol yw'r cyfeiriad at *Ladin* a'r *offeiriadaeth.* Roedd sir Aberteifi yn porthi Ysgol Ystrad Meurig.

"Yr oedd ambell ysgol ' breifat ' yn y sir ar yr un pryd. Ysgol Ystrad Meurig, a sefydlwyd gan Edward Richard (1714—1777) tua 1735, oedd y ddisgleiriaf ohonynt. Bu hon yn enwog drwy

Gymru, yn enwedig am ddysgu Groeg a Lladin. Bu ysgol ramadeg yn Lledrod hefyd tua'r un pryd, ac Edward Richard yn athro ynddi hithau ; ond ymhen amser unwyd y ddwy ysgol yn Ystrad Meurig." (*Atlas Hanesyddol Ceredigion*, tud. 35).

Bu 250 o ysgolion Gruffydd Jones yn sir Aberteifi. Wedi cau y rheiny, yr aeth pethau'n ddrwg.

"Tua 1800 yr oedd yr olygfa yn dywyll iawn. Yr unig ysgolion i blant cyffredin Ceredigion oedd yr Ysgolion Prydeinig a gychwynwyd yn 1808 ; ac ar ôl 1811, Ysgolion Cenedlaethol yr Eglwys, yr ysgolion a gefnogid gan y boneddigion a'r gwŷr ariannog." (*Atlas Hanesyddol Ceredigion*, tud. 35). Cafwyd comisiwn yn 1846 i ymchwilio i gyflwr addysg ac adweinir ei adroddiad fel *Brad y Llyfrau Gleision.*

"Dywedir mai 101 o ysgolion oedd yn y sir ; nid âi ond tua 3,500 allan o 25,000 o blant iddynt. Un o'r ysgolion hyn yn unig oedd yn Ysgol Gymraeg, ac yn 75 ohonynt Saesneg oedd yr unig iaith, er na ddeallai neb o'r plant fawr o Saesneg. (*Atlas Hanesyddol Ceredigion*, tud. 36).

DALEN O DDYDD-LYFR IEUAN GWYLLT.

No.	Day of Month.	Name.	Place.	Weeks.	Weeks.	£ s. d.
1.	June 12th	Isaac Jones......	Nantybenglog-uchaf	11		3 6
2	,, ,,	Richard Lewis	Tynfron	11		2 11
3	,, ,,	John James ...... Lewis Jones	Pwllclai .... Penbanc.	11	8 weeks	3 0
4	,, ,,	Isaac Jones	Bryngwyn	11		2 6
5	,, 17th	John Jenkins	Troedrhiwglascrug	11		3
6	,,	John Joel	Tyncwm.	11		1 3
7	,	Thos. Hughes	Ffynonoer-uchaf		4 weeks	3 6
8	21st	Lewis Jones	Tyncwm	11		2 0
9	24th	Ebenezer Morris				2 0
10	,,	Isaac Jones	Lletywyddwalchen			1 6
11	,,	John Francis	Glascrug			2 1½
12	,,	David Jenkins.	Troedrhiwglascrug			2 0
	July 1st	Richard Jones	Nantyrhydd	1 6d	1	4 8½

Felly hawdd gweld mai i Gymru a oedd yn brin iawn ei manteision addysgol, y daeth Ieuan Gwyllt. Er gwaetha'i addysg, fe lwyddodd. Mae'n ymddangos iddo fwrw iddi i gynnal ysgol ei hun. Ni châi fawr o hwyl arni. Diau fod amryw o'r disgyblion o'r un oed ag e. Câi drafferth gyda'r ddisgyblaeth. Yr hyn a wnaeth oedd mynd â'i dad gydag e, hwnnw i ddisgyblu a chadw trefn a Ieuan Gwyllt i ddysgu. Y tad yn disgyblu'r corff a'r mab yn disgyblu'r meddwl !

Yn ôl ei ddyddlyfr ceir ef yn cynnal ysgol yn Nanteos Arms, Mehefin 12, 1839, a cheir enwau ei ddisgyblion a'u taliadau :

(*Gweler tudalen 35*)

"Roedd ganddo seindorf pres yr adeg hon hefyd yn yr ardal ac yn cwrdd yn Llety Bach yng nghanol Cwm Seiri a mannau eraill." (*Hanes Capel Seion,* tud. 44).

Sgrifennodd Absalom Prys, tad y Prifathro Owen Prys, un arall o feibion disglair Penllwyn, at Robert Roberts brawd Ieuan Gwyllt, mae'n amlwg fod hwnnw yn bwriadu ysgrifennu cofiant ei frawd. Dyma fe :—

Copi o Lythyr Absalom Prys ar Ieuan Gwyllt,
at Robert Roberts.

(cyflwynais y gwreiddiol i'r Prifathro Prys, Meh. 11, 1927—D. J. Evans)

Maesbangor Factory
Feb. 16th 1878

Annwyl Gyfaill

Mae yn ddrwg genif fy mod cyhyd yn anfon attoch. Ond ar Elisabeth eich chwaer yr oedd y bai mwyaf. Yr oedd hi wedi addo dyfod yma er mwyn ini gynorthwyo ein gilydd i loffa riw dasgell fychan o hanes eich anwyl frawd yn moreiddydd ei oes os gallem. A heddiw hi a ddaeth. Canis beth a allwn nis gwn, ac am eich brawd yr wyf yn ei gofio pam yn bir ieuanc er na chefais y fraint o fod yn gyd-ysgolhaig ag ef, na dydd Sul na dydd gwaith. Ond er hynny yr oeddem yn cymdeithasi llawer an gilydd a hyni yn benaf yn ein cysylltiad a cherddoriaeth. Yr oeddim yn cyd gychwyn efo e'n gylydd cnd buan y darfi iddo ef fy mhasio I. Amlygodd diedd a gallu mawr at gerddoriaeth yn fore iawn. Yr ydwyf yn ei gofio yn arwen cor cyn bod ym bymtheg oed y don a'r gair ar waith ei hynan. Dyma y gair "*o'r bedd cyfodai'n Harglwydd cu y trydydd dydd. Gorchfygodd maeddodd uffern ddu. O Edom daeth yn rhydd. Agorodd ffordd i Salem lân. Rhodd fodd i'r mudan seinio cân. Hyd oesoedd rif y tywod mân. Tragwyddol fawl byth iddo fydd.*"

Yr wyf yn cofio un arall am yr ysgol Sabothol,

Mawl i'r Iesu fo'n dragwyddol
Am yr Ysgol rad Sabothol
A'i manteision llawnion llon
Ar ei bwrdd cawn hyfryd liniaeth.

Melys wleddoedd Iachawdwriaeth, Rhodd Duw Ion i ni yw hon. Llwyddo wnelo trwy yr holl wledydd, Milodd eto a ddelo'n ufudd Fel y seinier peraidd glodydd, I Dduw Jacob ein gwaredydd. Drwy bob parth o'r byd or bron.

Nid wyf yn cofio rhiw lawer oi Farddoniaeth ond gwn iddo wneud llawer pan oedd ond hogin. Gwnaeth farwnad i Elisabeth merch Job Silvanus. Cafodd hono ei hargraffu. Cyfansoddodd gan i mine yn erbyn yr arferiad o garu yn y nos. Nis gwn pa bryd y daeth na pha fodd y dysgodd gerddoriaeth fel i fod yn alliog i gani tôn, ond gallaf feddwl nad oedd uwchlaw tair ar ddeg oed. Yr amgylchiad a ddaeth ag ef i'r golwg gyntaf oedd, chydig o'r cyfeillion ar ddiwedd yr ysgol yn Blaendythryn (=Blaendyffryn) yn treio canu rhyw don ac yn methy gwneid dim ohoni yn lan. Daeth yntau ymlaen a chanodd hi rhag y blaen. Wel ebai John Richard Tynypwll mae John yn ddigon trech na ni i gyd, a rhoddwyd y gore iddo o hyni allan. Fe fi yn cadw ysgol ganu ar hyd y cymdogaethau yma ond nid rhiw ddawn mawr oedd ganddo i ddysgi eraill rywsit. Yr oedd yn well am ysgrifenu ei feddwl nag oedd am ei ddyweid y pryd hyni. Yr ydwyf yn tybied iddo fod yn cadw ysgol ddyddiol ar hyd y gymdogeth yma am o ddwi i dair blynedd ond nid gyda llwiddiant mawr iawn. Yna aeth i Aberystwyth at Mr Roberts y Drugist fel ysgrifenydd, oddi yno i gadw ysgol yn Sginer St. ac oddi yno i Lunden. Yno cafodd y Frech wen. Ni bu ei arhosiad yno ond rhiwbeth fel mis os wyf yn cofio yn dda. Mae ei hanes oddiyna ymlaen genich mae yn ddiai genif.

Amlygodd benderfyniad meddwl hyni yw penderfyniad i fyni gorchfygi pob peth. Er engraifft, yr wyf yn ei gofio yn hotio tôn i mi ac wrth dorri ei henw yr oedd y pen yn gomedd gweithio, modd yn y byd. Ysgrifeni di ddim a hwna meddwn wrtho. Mi wnaf iddo wneid pe bai e yn *sgiwer*—a gwneid gadd e wneid hefyd. Hefyd yr oedd o diedd chwareigar a biwiog iawn yn hogin yn fwy felly o lawer na chwi. Ond yr oedd William yn ddigon tebig iddo yn hyny o beth. Ni chafodd lawer o fanteision addysg. Chydig gyda J. Evans yn Aberystwyth heb law hen Ysgol Penllwyn, ond nid ydwyf yn cofio dim amdano yn Aberystwyth yr hyny sydd yn teddi (=tueddu) imi feddwl mae ychydig iawn a fi yno onide mi fuaswn yn cofio goeliaf I. Gyda golwg ar ei waith yn ymgymeryd a chrefudd a dyfod yn gyflawn aelod nid wyf yn cofio am ei ddyfodiad na pha oedran oedd pan y daeth. Yr wyf yn sicr fy mod i wedi mynd i'r cymundeb o'i flaen a hyny pan oeddwn yn ddwiarbymtheg oed. Ond yr oeddwn I yn agos i ddwi flynedd yn hŷn nag ef. Felly gallasai Ef ddyfod pan yn ieuangach na mi. Nid ydwyf yn meddwl iddo gymeryd fawr o ran mewn pethe cyhoeddis megis gweddio ac areithio. Ond mewn canu yr oedd yn gyhoeddus cyn iddo ymadael a'r gymdogaeth yna. Fe chwythodd awel go gref o chwantau ieuenctyd arno ef pan o gwmpas deinaw oed fallai :

ond cafodd gymorth i ffoi oddiwrthynt. Y rhiw deg a lygad dynodd dipin arno a hynny cyn myned i Aberystwyth, ac wedi myned yno bi iddo yr un anffawd fel yr addefai wrthyf ei fod wedi cydio mor ffast nes oedd yn rhwystur mawr iddo gyda efrydiau bron bob peth. Ond gorchfygodd eto. Ar ol dyfod yn rhydd o afaelion y rhiw deg ymafaelodd Miss arall ynddo sef Miss Barddoniaeth. Clywais ef yn cwyno yn dost ar y Miss yma hefyd, a dywedai ei fod yn meddwl y byddau yn rhaid iddo ysgrifenu iddi lythyr ysgar oni te na chai hamdden i wasanaithi neb na dim ond y hi, ac felly y gwnaeth i raddau helaeth. Gallaf feddwl iddo wneud yr un penderfyniad a'r Apostol Paul. "Ni'm dygir I yn gaeth gan ddim". A gallwn feddwl mae dyma un o hanfodion ei lwyddiant, ei benderfyniad i fyni gorchfygi pawb a phob peth, ynghyd a bod ynddo ally meddyliol naturiol cryf iawn. Tua'r adeg yma y daeth allan fel Beirniad Cerddoriaeth a phob 'aeth' arall o ran hyny. Mae yn gofis genif iddo ysgrifeni Beirniadaeth Gerddorol i ni yn Penllwyn un waith mewn holwyddoreg, yr hwn ddill yr oedd yn dra ffond ohono. Yr oedd ganddo feddwl uchel o holwyddori fel y moddion mwyaf effeithiol i ddysgi eraill drwyddo ac i roddi argraff arhosol ar y cof. Efallai mae wrth glywed cymaint o holwyddori yn yr Ysgol Sabothol a gedwyd yn yr amaethdau yn Nyffryn Melindwr y daeth i gofio cystal ei hunan. Yr oedd ganddo gof cryf iawn. Mae yn gofis genif pan oeddwn yn byw yn Aberaeron gyda ni y byddai yn lletia pan yn dyfod yno dros ei feistr Mr Roberts. Yr oedd yn dweid wrthyf iddo gael llyfr newydd y noswaith cyn hyny ac iddo fod ar ei draed hyd bedwar o'r gloch y bore yn ei ddarllen. 'Beth ydych gwell meddwn wrtho. Nid oes bosibl eich bod yn cofio fawr ohono ar ol darllen cymaint!' Ydwyf, meddai, yn cofio pob mater a phob peth neilltuol o'i fewn. Ac yr oedd y llyfr o faintioli pir fawr. Yn Aberaeron y clywais ef yn rhoddi yr anerchiad cyntaf a glywais ganddo yrioed yr wyf yn meddwl, a hyny yn yr Ysgol Sabothol.

Ei fater oedd—y gally sydd gan wirioneddau y Beibl i gydio gafel yn y meddwl dynol fel na ollyngo mo'i afel yn fian na byth chwaith. Cymerodd y gydmariaeth o'r bach yn cydio yn y pysgodyn. Gallai y pysgodyn lwyddo trwi blwcio i dori y lein. Ond yr oedd y bach yn aros, ac yn cadw ei afel er hynny a chadw ei afel a wna. Felly am hen adnode y Beibl. Efallai y gall y dyn ieianc lwyddo i dori y lein megis yn ei anystyriaeth ai angof ohonint am amser. Ond yna y mae hi er hyny ac yna y bydd hi byth hefyd. Yr wyf yn cofio bod mynd da ar y sylwadau y tro hwnnw.

Atodiad

Bym yn meddwl lawer gwaith gyda golwg ar ei Lyfr Tonau ei fod wedi meddwl pan yn ifanc iawn am wneid y fath lyfr neu ynte iddo gael tiedd i ymbaratoi ar ei gyfer a hyny heb wybod iddo ei hun. Oblegid yr ydwyf yn cofio a hyny flynyddau cyn iddo ymadael a Pistyllgwyn iddo fyni cael Llyfr mawr wedi ei rwymo ô Bapir gwyn heb ei llinelli felly fel y gallai gael ei wneid fel y byddai angenrheidiau yn galw. Yr enw oedd arno oedd "Yr Eos". Nis gwn pa le y mae—heddiw os gwyddoch chwi. Casgliad ydoedd o hen donau cynulleidfaol a'r rhai hyny wedi eu notio, yn wahanol i ddyll y dyddiau hyn o notio, sef yn Banig ac adfanig neu yn hytrach fel y gwnaeth ei lyfr ac y mae yn awr yr hyn oedd yr olwg *ddieithr* yr adeg hono. Beth oedd yn ei gymell nis gwn. Byddai yn dda genif gael golwg ar yr hen Eôs er mwyn cael gweled pa olwg sydd arno yn awr. Yr oeddwn yn gofyn iddo, Pa le yr wyt yn cael yr hen donau yma dywed. O rhai ym mhob man. Ond clywed fy nhad yn ei canu dyna fel yr wyf yn cael mwyaf ohonynt. Ai am Napolion y dywedir mae mewn Magnel a chleddyf yr ymhyfrydai pan yn blentyn. Fel hyny y byddaf yn meddwl amdano yntau. Brif waith ei oes oedd diwygio cerddoriaeth y cysegr a dwyn y Llyfr Tonau allan, ac iddo weled y medylrich (meddylddrych) pan yn *blentyn*. Yr wyf yn cofio amdano yn dod adre o'r ysgol un prydnhawn ac yn dangos tôn newydd imi oi waith ei hynan. Ei henw oedd Victoria, a'i nodwedd oedd i wasanaeth yr Achos dirwestol. Gallaf feddwl nad oedd ddim dros 13 oed y pryd hwnw. A chan ei fod yn alliog i gyfansoddi *rhiw* fath o Don yn yr oedran yna y dyddiau *hyny* ni raid i Bacs (=Bois? neu Mus Bacs) y dyddiau manteisiol hyn ddim balchio pe byddent yn alliog i gyfansoddi pan yn chwech a haner oed, haner ei oedran ef. Dyna fy marn I canis pin. Bu dadl frwd rhyngddo a John Mills Llanidloes ar ymddangosiad y gramadeg cerddorol allan, dangosodd iddyn ei bod yn wallys mewn rhiw bethe. Yr wyf yn cofio beth bynag mae y fo *gariodd*. Yr oedd ganddo feddwl mawr am Richard Mills. Bi ef a minau o dan addysg R. Mills droion, yn benaf yn Capel Sion. Ond yr oedd y pryd hwnw braidd yn fwi nag y dymunei Mills iddo fod. Wel rhwng popeth aeth Gwyllt yn un mawr ac yn un mawr defnyddiol.

Amdano fel Pregethwr. Yr wyf yn meddwl bod y bregeth hono a bregethodd yma yn y Cwrdd Misol (sef yr adeg y darfi i chwithau bregethi eich pregeth *fawr*). Pan oedd yn darlunio Duw fel Tad. Credaf bod hono yn nodweddiadol hollol ohono,—y tymer orau hyny ni welais i ddim byd yn gas ynddo pan yn hogin. Yr wyf yn cofio Bet Robert (os oeddid yn adnabod hono) yn dyweid mae Jac fydd y pregethwr mawr—dyna brophwidoliaeth yr hen fam. Byddai yn dda genif pe cawn weled rhai oi Bregethau. Yr un ddiweddaf yma. 'O deiwch i'r dyfroedd' da iawn—a hefyd 'cofiwch wraig lot'. Os dewch a chofiant allan mi obeithiaf y cewch hyd i rai oi Bregethau, a chredaf bod llawer o Hymnau da i'w cael yn rhiw le. Gwnewch eich gorau yw cael allan yn fian tra bo y cof amdano yn ffres ar feddwl y wlad. Cafodd cofiant Jones Talysarn ac eraill gam oherwydd gormod o oediad.

Cyfeiria Absalom Prys ato yn cael arwain y gân yn Blaendyffryn, ac y mae'n amlwg ei fod yn cyfansoddi tonau elfennol yr adeg yma.

'Hafilah' ar "Wele, cawsom y Meseia" yw un o'i donau cynhara'. Fe'i cyfanosddodd cyn cyrraedd ei bymtheg oed.

HAFILAH. M.N. 8 7 3.

Gan IEUAN GWYLLT, Penllwyn, Ceredigion.

B 2

HAFILAH (*parhâd*).

Pe gellid taro ar y llyfr nodiadau, "Yr Eos," y cyfeiria Absolam Prys ato, mae'n sicr fod amryw o'i ymdrechion cynnar i gyfansoddi tonau a phenillion ynddo.

Cyffyrddwyd â rhai o'r dylanwadau cerddorol ; crefyddol ; diwylliannol ac addysgol a fu'n gweithio ar Ieuan Gwyllt, ond ni ddylid anghofio'r chwyldro diwydiannol. Mae'n rhyfedd meddwl am hwnnw mewn ardal mor ddiarffordd, wledig, ardal brin ei ffyrdd, ac y mae rhai o'r ffyrdd i'w priodoli'n uniongyrchol i'r chwyldro diwydiannol.

"Bu'n rhaid i oruchwylwyr y gweithfeydd mwyn wneud amryw ffyrdd newyddion yng ngogledd y sir er mwyn cludo'r cynnyrch i'r Garreg ac i Aberystwyth. Gwnaeth Lewis Morris ffordd felly yn 1753 i gludo cynnyrch Esgair-Mwyn." (*Atlas Hanesyddol Ceredigion,* tud. 48.)

Ceisiodd amryw, o ddyddiau'r Brythoniaid, gloddio mwyn yng ngogledd y Sir, heb fawr o lwyddiant. Yn ystod teyrnasiad Elisabeth I oherwydd ei bod yn brin o bres i reoli ei theyrnas, anfonodd am Almaenwyr i chwilio'r wlad am fwyn, a'r canlyniad fu ffurfio y 'Society of Mines Royal'. Aeth y gweithfeydd mwyn-plwm o un llaw i'r llall a dywedir i Syr Hugh Middleton wneud arian mawr o waith Cwmsymlog.

"O achos y Rhyfel Cartref, a hyd 1690, ni bu fawr o weithio mwyn yn y Sir. Yn y flwyddyn honno darganfuwyd gwythiennau gwerthfawr yn Esgair-hir. Ynglŷn â'r gwaith hwn y ffurfiwyd cwmni enwog y Mine Adventurers dan reolaeth Syr Humphrey Mackworth. Bu gweithio mawr yma am ryw ugain mlynedd ond wedi hynny aeth pethau'n dawel am rai blynyddoedd. Ond darganfuwyd gwythiennau toreithiog yng ngwaith y Darren (1740), yng ngwaith Cwmsymlog (1750) a chan Lewis Morris yng ngwaith Esgair-mwyn (1752). Hudodd y darganfyddiadau hyn liaws o wŷr i'r ardal i gychwyn gweithfeydd mwyn y gobeithient wneud ffortiwn ohonynt ; ond ychydig ohonynt fu'n ffodus. Erbyn 1770 nid oedd fawr lewyrch ar y diwydiant, ac ni wnaeth agor gwaith enwog Frongoch yn 1785 ei adnewyddu."

"Marwaidd oedd y fasnach blwm a thruenus oedd bywyd y mwynwyr yng nghyfnod rhyfeloedd Napoleon ac am amser wedi hynny. Tua 1840 bywiocaodd y diwydiant drachefn a pharhaodd yn llewyrchus hyd tua 1870. Ar un adeg yn y cyfnod hwn nid oedd yr un gwaith yn segur yn y sir, a chodid dros ddeng mil o dunelli o fwyn y flwyddyn." (*Atlas Hanesyddol Ceredigion*, tud. 62).

Gan fod gwaith yn yr ardaloedd yma roedd galw am weithwyr. "Gwelir i'r boblogaeth gynyddu mwy yng ngogledd y Sir a pharhau i gynyddu pan oedd yn lleihau mewn rhannau eraill. Yno yr oedd y mwynau, ac yr oedd cymaint o lewyrch ar y gweithfeydd hyn nes ei bod yn rhaid dod â dynion i mewn i weithio ynddynt, yn enwedig o Gernyw a Dyfnaint. Yr oedd 222 o wŷr Cernyw yn ardal Aberystwyth yn 1851 ; ceir eu holion eto mewn enwau heolydd fel, ' Cornish Row ', ' Cornwall Fach ', ac mewn enwau dynion fel Burrell, Garland, Nantcarrow, Tregonning a Dudlyke" (*Atlas Hanesyddol Ceredigion*, tud. 75).

Beth oedd dylanwad y mewn-fudwyr hyn ar boblogaeth wledig, uniaith Gymreig ? Un peth sydd yn sicr, fe'u Cymreigiwyd. Roedd nerth Cymreictod yr ardaloedd mor gryf nes eu gorfodi i ddysgu'r iaith, a daeth amryw ohonynt yn ddynion defnyddiol yn eu gwahanol ardaloedd. Diau i rai ohonynt fynychu yr ysgol gân a arweinid gan Ieuan Gwyllt, ac i blant o'r teuluoedd dieithr yma ddod i'w ysgol. Efallai iddynt gamymddwyn am na ddeallent ei iaith, pwy a wŷr ? Mae un peth yn sicr bu eu presenoldeb yn elfen fywiog, newydd yn y gymdeithas.

Beth oedd cysylltiad Ieuan Gwyllt â'r gwaith mwyn-plwm ? Dywedir iddo fentro i grombil y ddaear, ond buan y gwelodd nad dyna'r wythïen iddo ef weithio ynddi. Ond roedd ei deulu â chysylltiad agosach, ac efallai mai dyma'r lle i sôn am y rheiny. Ceir eu henwau ar lyfr bedyddiadau eglwys Penllwyn. Elizabeth, yr hynaf o'r teulu oedd yr unig ferch, yna Ieuan Gwyllt. Wedyn daeth William a fwriadodd fynd yn llyfrwerthwr, ond bu farw yn 25 oed. Robert oedd y pedwerydd, gweithiodd ef am rai blynyddoedd yng ngwaith mwyn-plwm Goginan. Un tawel myfyrgar oedd e, yn ôl pob hanes. Aeth i'r weinidogaeth, a bu yn Aberteifi, Carneddi, Bethesda a Wilton Square, Llundain. Pan ddaeth y Parchedig Edward Jones i'w holi ar ran y Cwrdd Misol, gofynnodd iddo,

"A ydych chi yn meddwl i chi fod o fendith i rywun yn y gwaith acw ers pan ydych yno ?"

"Wn i ddim, syr, ond rwyn meddwl y gallaf ddywedyd cymaint â hyn, Ni lygrason ni neb." Pregethai'n sylweddol, ato ef yr anfonodd Absalom Prys y llythyr a ddyfynwyd ohono.

Y cyw melyn ola oedd Isaac. Cyflwynodd yntau ei hun i'r weinidogaeth, ond ysywaeth, gafaelodd y dolur a fu'n bla yng Nghymru, ac yn enwedig yn sir Aberteifi ynddo, sef, y pla gwyn neu'r T.B. a bu farw'n 28 oed.

Dyna'r teulu. Dyna'r ardal. Dyna'r dylanwadau. A bachgen ifanc effro, galluocach na'r cyffredin, yn tyfu yng nghanol y cwbl ac yn cael cyfle i feithrin ei ddoniau. Rhaid cydnabod parodrwydd yr 'hen bobol' i roi cyfle i grwt ifanc mewn ysgol gân ac ysgol. Ychydig a feddylient fod un o bwys yn codi yn eu plith. Eto, er i Ieuan Gwyllt dreio hyn-ac-arall, nid oedd eto wedi dod o hyd i'r peth a fynnai ei wneud, er mae'n weddol siŵr y carai roi lle i gerddoriaeth. Ond pa alwedigaeth a roddai'r cyfle iddo i feithrin y dalent honno ? Chwilio . . . ymbalfalu . . . ceisio dod o hyd i Ieuan Gwyllt, dyna oedd ei stori.

Cyfeiriais ato o'r dechrau fel Ieuan Gwyllt. Sut y cafodd yr enw ?

"Pan gartref ymneillduai yn fynych i'r coed, ac yn ieuangc iawn dechreuodd ysgrifennu penillion ar ddarnau o lechi. Wedi cyfansoddi un dernyn gorchestol unwaith ymgyrhaeddodd at un nod uchel, gwir a gau feirdd—*ffugenw*, ac ysgrifenodd o dan y cyfansoddiad yr enw,

IEUAN GWYLLT, Y PISTYLL GWYN, GELLTYDD MELINDWR.

Aeth y penillion yn fuan i ebargofiant ond nid felly yr enw. Diflanodd yr enw oddiar y llechen, ond arhosodd ar gof ei berchen, trosglwyddwyd ef ganddo mewn inc ac ar bapur." (Traethawd ar fywyd ac athrylith y Parchedig John Roberts, tud. 20).

Roedd yn 1864 ar y rheilffordd o'r Gogledd, y Cambrian Railway, yn cyrraedd Aberystwyth, a thair blynedd yn ddiweddarach y daeth y Manchester and Milford Railway o Gaerfyrddin, a thua diwedd y ganrif y daeth 'Lein fach Devil's Bridge' i bwffian ei ffordd heibio i Benllwyn, ond roedd Ieuan Gwyllt wedi codi digon o stêm i fentro ymhellach. Aeth am gwarter o ysgol at John Evans, yn Aberystwyth. Sonnir yn glodforus am John Evans fel athro,

"Pe buasai wedi mynd i Cambridge yn ieuanc, buasai yn siwr o fod yn uchaf yn rhestr y wranglers, ac fe allai yn senior wrangler" (*Ieuan Gwyllt*—T.E.J.). Bu gyda John Jones yn Capel Dewi, ac yna am gyfnod yn Goginan. Mesuryddiaeth a morwriaeth oedd pynciau'r ysgolion yna. Oni ddywedir, weithiau fod y cerddor a'r gwyddonydd yn efeilliaid ?

Roedd yn ugain oed erbyn hyn ac yn hen bryd iddo ennill ei damaid a dewis ei lwybr. Aeth o'r fro ond aeth â'i fro gydag e. Aeth ymhell o Gapel Seion a Phenllwyn, yn ddaearyddol ; ond un o feibion a gwaddol gogledd sir Aberteifi yn 'graig yr oesoedd dan ei draed' oedd e weddill ei ddyddiau. Ni allai ac ni fynnai wadu'r graig gyfoethog y'i naddwyd ohoni.

Llifodd llawer o ddŵr o dan bont Rhiwarthen oddi ar y dydd y croeswyd afon Rheidol o ardal Capel Seion i Benllwyn gan deulu'r Robertiaid. Lladdodd y llysnafedd o'r gweithfeydd mwyn-plwm y brithyllod a neidiai yn yr afon. Ond deffro, dihuno, tyfu, blodeuo a wnaeth Ieuan Gwyllt ar lan Rheidol ; aeth i'r dref i Aberystwyth yn llawn egni creadigol yn gerddorol. Beth wna Aberystwyth iddo, tybed ? neu beth wna e i Aberystwyth yw'r cwestiwn pwysica, o bosibl. Cawn weld.

Pennod 2

CHWILIO

CAFODD waith mewn siop fferyllydd ; Griffiths and Roberts, Druggists. Nid prentis mohono, eithr gwas twt a thipyn o ysgrifennydd. Roedd un o'r perchenogion, Mr. Griffiths yn bregethwr gyda'r Methodistiaid Calfinaidd. Dyna'r cysylltiad a sicrhaodd iddo waith, mae'n siŵr. Ond byr fu ei dymor gyda'r cemegau, cafodd swydd i gadw ysgol, Skinner St., Aberystwyth.

"Y mae hanes diddorol i'r adeilad yn Skinner St. lle cynhelid ac y parheir i gynnal yr ysgol. Fe'i hadeiladwyd yn y flwyddyn 1839 gan wraig go anghyffredin, mam y Parchg John Williams a fu mor amlwg ym mywyd y dref yn ystod hanner olaf y ganrif. Ei hamcan oedd paratoi adeilad i gynnal ysgol Sul i blant tlodion y strydoedd o'i amgylch ond yn fuan iawn fe gymeryd yr adeilad ar rent gan eglwys y Tabernacl i gynnal ysgol ddyddiol ynddo i blant ymneilltuwyr. Parhawyd i gynnal yr ysgol honno am dros ugain mlynedd. Codid tal bychan wythnosol ar y plant, a thelid y gweddill o'r costau o gyllid eglwys y Tabernacl. Penodwyd Ieuan Gwyllt yn ysgolfeistr yn 1844, a phenderfynwyd ei anfon i'r Coleg Normal, Boro' Road, Llundain, i ddysgu'r dulliau diweddaraf. Ychydig fis-oedd hyd y cwrs, ond ar ei ganol cafodd Ieuan y frech wen a bu yn yr Ysbyty am fisoedd lawer. Yr oedd y pwyllgor wedi rhoddi £10 iddo wrth gychwyn i dalu ei gostau, a phan ddaeth yn ôl ceir cofnod yng nghyfrifon Griffith Thomas, yn dweud, "Paid same by order of Committee in consideration of his illness in London, £5." (*Canmlwydd Siloh, Aberystwyth*, tud. 95-96.)

Effeithiodd ei afiechyd yn Llundain yn drwm arno. Roedd cnwd afreolus o wallt du gydag e ; gwynnodd dros nos. Tybiai rhywrai ei fod yn gwisgo wig a bod hynny yn arwydd o falchder. Un o'r arferion a godasai yn Llundain ! Eisteddai yn ei gadair rhyw ddiwrnod a dyma un o'r brodyr drwgdybus yn gwthio ei fysedd busneslyd i'r gawod a wallt a wisgai. Disgwyliai i'r cyfan ddod yn rhydd yn ei law a gadael Ieuan Gwyllt yn benddu. Er mawr siom iddo drysodd ei fysedd yn y pen cyrliog. Na, roedd y gwreiddiau yn gadarn yng nghorun Ieuan Gwyllt.

Ni chafodd dystysgrif, oherwydd ei afiechyd, bid siŵr. Dychwelodd i ail afael yn ei ysgol. Ni alwyd mohono i fod yn athro. Yn Rhagfyr 1845 symudodd at gwmni o gyfreithwyr, Hughes and Roberts, Solicitors, Aberystwyth. Mae tybiaeth fod y Mr. Hughes yn y bartneriaeth yma yn byw ym Mhenllwyn. Roedd wrth ei fodd yn y swyddfa, enillodd barch ac ymddiriedaeth ei feistri. Daeth yn brif ysgrifennydd a phan oedd galw am gyfieithydd yn y llysoedd, ac yr oedd galw mynych am mai Cymry uniaith oedd mwyafrif troseddwyr Sir Aberteifi, Ieuan Gwyllt a gâi'r gwaith oherwydd ei fod mor gywir ac effeithiol. Tystiwyd mai cyfreithiwr a fyddai. Hoffai'r gyfraith ac ymddangosai fel pe bai am ymsefydlu yn y fusnes. Cynigiwyd iddo siâr yn y bartneriaeth, ond ni fynnai hynny. Nid yn y gyfraith yr oedd ei galon. Dysgodd lawer yn ei wahanol swyddi, heb os, ac hyd ddiwedd ei oes talai ddiolch i'r ddisgyblaeth a gafodd yn swyddfa'r cyfreithwyr.

Yn ddiau, o'r tu fâs i'w swyddi y cafodd yr addysg orau. Llanwai ei oriau hamdden â'i hoff bwnc sef, cerddoriaeth. Ymaelododd â'r Undeb Cerddorol o dan arweiniad 'Pencerdd Ceredigion', Mr. Edward Edwards, tad Jack Edwards a fu'n cadw siop lyfrau Cymraeg ar y Stryd Fawr am flynyddoedd, yntau hefyd yn gryn gerddor. Roedd dosbarthiadau mewn cerddoriaeth yn cael eu cynnal o dan nawdd yr Undeb, ac yn achlysurol deuai Richard Mills o Lanidloes iddynt. Nid dyma ei gysylltiad cyntaf â'r Millsiaid. Deuent ar dro i gylch Penllwyn a Chapel Seion. Dywedai iddo brynu copi cyflawn o'r 'Meseia', Handel yr adeg hon ac iddo ei astudio'n fanwl a thrylwyr.

Yn 1852 ffurfiodd pedwar ohonynt gwmni i gyhoeddi cylchgrawn a enwyd, *Blodau Cerdd*.

"Yr oedd yn *bartners* yn yr anturiaeth hon Ieuan Gwyllt, Mr. J. Jones (IVON), Mr. E. Edwards a Mr. W. Julian, yn drysorydd a dosbarthwr" (*Ieuan Gwyllt.* T.E.J. tud. 30). Ieuan Gwyllt oedd y golygydd. Argraffwyd y pedwar rhifyn cyntaf yn Aberystwyth a'r tri olaf yn Llanidloes. Fe'i gwerthid am geiniog a dimai. Cylchgrawn syml ydoedd a'i fwriad oedd rhoi addysg gerddorol er mwyn gwella safon 'caniadaeth y cysegr'. Roedd yn gredwr cryf mewn holwyddori. Peth a ddysgodd yn yr Ysgol Sul, heb os. Gan iddo ddysgu ei gerddoriaeth ar ei aelwyd ym Mhistyllgwyn, ac ar aelwydydd y fro, naturiol iddo oedd galw'r adran lle y trafodai gerddoriaeth ar y ffurf o holi ac ateb yn *Blodau Cerdd* yn 'YR AELWYD.'

Dyma'r un a ymddangosodd yn y rhifyn cyntaf:

ir

YR AELWYD.

Ieuan.—Wel, Llewelyn, beth sydd i fod dan sylw heno?

Llewelyn.—Nis gwn i yn iawn, Ieuan; beth pe byddem yn cael ychydig o siarad am GANU? Mae yn hoff iawn genyf fi wrando canu; ac, ar brydiau, wrth glywed y bobl yna yn canu, nes yw fy nghroen ar ymddïosg oddiam danaf, a'm calon yn toddi o fewn fy mynwes, byddaf yn teimlo mor gryf, fel y rhoddwn y cwbl sydd ar fy helw i'r neb a'm dysgai inau i ganu. Ond y *nodau* yna, y naw wfft byth iddynt! yr wyf fi yn methu dirnad pa fodd yr ydych chwi a'r bechgyn yna yn medru gwneyd dim o honynt; ni fyddai waeth i mi geisio cynal pen rheswm gydag un o drigolion y lleuad na cheisio canu un nód o honynt.

I.—Gan bwyll, Llewelyn; nid oes dim braidd yn hawddach na chanu wrth y nodau. Gwnewch chwi a Dafydd benderfyniad y mynwch ddysgu canu, gan ymdrechu hyd eithaf eich gallu i'w ddwyn i ben, ymrwymaf finau y byddwch cyn pen chwech mis yn alluog i ganu unrhyw dôn rwydd a gyfarfyddoch; ond cofiwch, rhaid ymdrechu.

Dafydd.—Eleni am dani ynte, gadewch i ni gael dechreu heno.

Elen.—Nos dda i chwi; yr wyf fi a Miriam yn myned, nid yw merched un amser yn dysgu *notes.*

D.—O Elen anwyl! nid felly; pa ganu fydd heb y merched? Ni roddwn i ffyrling am haner llon'd byd yn canu heb un o'r rhyw deg yn eu plith; a pha fodd y dichon i ferched mwy na meibion ganu yn rheolaidd heb wybod dim am reol?

I.—Da iawn, Dafydd; mae yn dda genyf weled eich teimlad mor frwd, a'ch rhesymeg mor gywir yn y pwnc hwn. Os ydyw attal merched rhag *canu* yn drosedd yn erbyn anian, dywedwn ninau ar yr un tir fod eu rhwystro, neu beidio eu cefnogi, i *ddysgu rheolau* cerddoriaeth yn drosedd yn erbyn rheswm; ac yn mhellach, os yw Elen a Miriam yn gadael y cwrdd, rhaid i ninau adael y canu.

Miriam.—Yr ydym yn hoff iawn o'r gân, fel y gwyddoch; ac os ydych chwi yn barnu y byddai hyny yn well, byddai yn dda iawn genym gael dysgu ychydig o'i rheolau.

Ll.—Dyma ni bellach yn unfrydol; a gawn ni ddechreu, Ieuan?

I.—Cawn. Efallai mai gwell fyddai i ni ddechreu yn y dechreuad, gyda hyn fel pob peth arall. "A fyno fod yn fawr, dechreued wrth y llawr," medd Tegidon. Yr ydym wedi dywedyd mai *iaith* y teimladau yw cerddoriaeth; ac felly y mae ein gwaith gyda'r iaith hon, fel pob iaith arall, yn ymranu i ddau ddosparth, sef ei darllen a'i hysgrifenu, neu, mewn geiriau ereill, canu a chyfansoddi.

Dechreuwn yn gyntaf gyda darllen cerddoriaeth. Nid oes ond dau brif beth yn angenrheidiol tuag at hyn eto, sef gwybod i ba le i ysgogi ein llais, a pha faint o amser i aros ar bob sain cyn hwylio ein camrau i ymofyn am sain arall. Wedi i chwi feistroli y ddau beth hyn, dyna y rhan fwyaf o'ch gorchwyl ar ben.

Yr ydych yn gweled yn y llyfr canu bump o linellau fel hyn,—

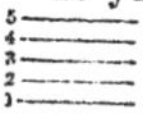

y rhai a elwir Erwydd *(Stave);* ac yn ol sefyllfa y nodau ar neu rhwng y llinellau hyn, y mae eu gwahaniaeth sain,—h. y. y mae sain y nôd fyddo ar y llinell isaf i fod yn ddyfnach neu yn îs na'r nôd fyddo ar y llinell uchaf. Y ffordd i adnabod a gwahaniaethu pob peth braidd yn ein byd ni, chwi wyddoch, yw wrth ei enw, felly hefyd y llinellau hyn. Y mae pob un o honynt yn cymeryd ei henw yn ddistaw oddiwrth yr Arwydd a fyddo ar yr Erwydd, yr hwn a elwir Allwedd *(Clef).* Nid oes ond dau allwedd mewn arferiad yn gyffredin y dyddiau hyn, sef allwedd G  ac allwedd F 

Y mae y blaenaf yn troi am yr ail linell, ac o ganlyniad gelwir y llinell hòno G, a chymer y llinellau ereill a'r gwagleoedd eu henwau oddiwrthi, fel hyn:—

E F G A B C D E F

(I'w barhau.)

Mae'n werth sylwi ar yr ymgais i Gymreigio termau. Cyhoeddai donau, rhai yr oedd wedi eu trefnu a'u cynganeddu. Gwnaeth lawer iawn o hyn. Hefyd ceir e'n trosi emyn. Dyma enghraifft o'r ddau beth yn *Blodau Cerdd.*

EMYN GENADOL

O rew-fynyddoedd Gwerddon,
  O draeth yr India fawr,
Lle treigla ffrydiau Affrig
  Eu tywod aur i lawr ;
O lawer oesawl afon,
  A dolydd palmwydd gwyrdd,—
Hwy'n galwant i'w gwaredu
  O'u gau-grefyddau fyrdd.

Pa werth fod per awelon
  Ceylon, yn chwythu'n wiw,
A phob golygfa'n hyfryd,
  Ond dyn yn elyn Duw ?
Diles, mewn caredigrwydd
  Cael rhoddion nef ar daen,
Y pagan mewn dallineb
  Addola bren a maen.

A allwn ni, a gawsom
  Oleuni oddi fry,
Nacau rhoi lamp y bywyd,
  I'r rhai mewn t'wyllwch sy' ?
Achubiaeth ! O Achubiaeth !
  Trwy'r byd cyhoedder mwy,
Nes dysgo pawb wybodaeth
  Am Grist a'i farwol glwy' !

Chwi wyntoedd, ewch â'r hanes
  Chwi foroedd, treiglwch hon
Nes fel rhyw fôr o foliant
  Y llanwo'r ddaear gron ;
Nes delo'r Oen a laddwyd
  Dros feiau dynolryw
Mewn gwynfyd i deyrnasu,
  Yn Frenin ac yn Dduw.

Cyf. Ieuan Gwyllt.

(*Gweler tudalen 54*)

Roedd i'r emyn gysylltiad â Chymru, ac o gofio am y diddordeb yn y gwaith cenhadol yn y bedwaredd ganrif-ar-bymtheg, yn wir, fe'i galwyd yn 'Y Ganrif Genhadol', nid yw'n syn i Ieuan Gwyllt gyfieithu'r emyn a ganwyd am y tro cyntaf yn eglwys y plwy, Wrecsam, a'r fore'r Sulgwyn 1819. (gweler, *Emynau a'u Hawduriaid*, John Thichmans, tud. 223). Yn *Blodau Cerdd* yr ymddangosodd rhai o'i drefniadau cynharaf; FRANCONIA, SPROWSTON, LLANGEITHO, SOAR ac ati. Cynhwysid hefyd waith cerddorion eraill, megis J. Ambrose Lloyd.

Nid cerddoriaeth yn unig a gâi ei sylw. Mynychai ddosbarth Beiblaidd a gynhelid ar ôl yr oedfa fore Sul yn y Tabernacl. Dosbarth y 'pennau mawr' oedd hwn. Ynddo cyfarfyddai â diwinyddion gorau'r dre, yn eu plith y Parchedig Edward Jones, y gŵr a berswadiodd ei dad i fod yn llwyr ymwrthodwr. Dyma a ddywedir yn y gyfrol, *Canmlwydd Siloh, Aberystwyth* am y parchedig ŵr, Edward Jones :

" . . . Cadeirydd y pwyllgor oedd y Parchg Edward Jones. Yr oedd ef ers blynyddoedd yn weinidog ordeiniedig yn y Tabernacl, er nad oedd yn fugail ar yr eglwys. Sonnir amdano gan ei gyfoeswyr fel gŵr pendant, ac awdurdodol a disgyblwr didderbynwyneb, a'i air bron yn ddeddf yn yr eglwys a'r cyfarfod Misol. Ceir cyfeiriad chwareus ato mewn llythyr oddi

TRYMDER.

Trefnwyd a chynghanwyd gan I. GWYLLT.

wrth gyfaill at John Mathews, ysgrifennydd y Tabernacl, yn Chwefror 1853 :,

Everything, I apprehend, goes on as usual at the Tabernacl—King Edward on the throne and Lord John the Prime Minister" (tud. 15). Dywed John Evans, Abermeurig amdano,

"Bron bob amser byddai ganddo mewn Cwrdd Misol ryw brydles i'w harwyddo, neu roddi ryw hysbysiad ynghylch rhai, a byddai bob amser wedi ei arfogi'n dda â'r Constitutional Deed, y Gyffes Ffydd, y Dyddiadur, yr Hyfforddwr, Rheolau yr Ysgol Sul, a phethau eraill angenrheidiol at gefnogi ei hun yn y materion mewn dadl, a chadarnhau pawb a oedd yn bresennol yn yr athrawiaeth a'r ddisgyblaeth."

Synhwyrai rhai o'r brodyr fod y llanc penwyn o Benllwyn yn coleddu syniadau reit fentrus a'i fod yn barod i'w cyhoeddi. Ni thalai'r parch dyladwy i'r 'pennau mawr'. Ni fwytâi o'u dwylo. Yn un o'r dosbarthiadau hyn aeth yn ddadl boeth a'r cwestiwn llosg oedd 'disgyblaeth eglwysig'. Mae'n ymddangos fod gŵr-llythyren-y-gyfraith, y Parchedig Edward Jones wedi torri gwraig mâs am drosedd arbennig (does dim galw am lawer o ddychymyg i ddyfalu'r drosedd, oes e ?) Anghytunai Ieuan Gwyllt â hyn ac ni bu ar ôl o ddweud ei feddwl, a beirniadu'r pab Edward Jones, bid siŵr. Roedd llawer o deulu dylanwadol gydag Edward Jones. Roedd ei wraig yn chwaer i Robert Davies, y gŵr y ffurfiwyd y Gyffes Ffydd yn ei dŷ yn y Stryd Fawr yn 1823. Ond camu i'r frwydr wnaeth y gŵr ifanc o'r wlad heb feddwl am y canlyniadau.

Ymhen ychydig roedd y Parchedig Evan Evans, Aberffrwd, y gŵr a fedyddiodd ei frawd William wedi dod i'r Tabernacl ar ran y Cwrdd Misol i'w holi fel ymgeisydd am y weinidogaeth. Eisoes roedd yr eglwys wedi ei gymeradwyo. Cafwyd hwyl ar yr holi ; popeth wedi mynd yn esmwyth, ond dyma un blaenor yn codi a dweud y carai ofyn cwestiwn i'r ymgeisydd ar fater disgyblaeth eglwysig. Ydyw hi'n annheg i dybio ei fod yn saethu bwledi y Parchedig Edward Jones ? Bu Ieuan Gwyllt yn reit onest, traethodd ei farn yn yr union le y cyflwynwyd y Gyffes Ffydd i'r enwad. Beth allai ddisgwyl ond gwrthodiad, a dyna a gafodd. Mae'n amlwg fod rhywrai am dorri crib y ceiliog hwn o flaenau Rheidol.

"Ie, tipyn o drafferth oedden ni yn gael gyda Gwyllt, daeth yma chwi wyddoch mor rough a dibrofiad. Bid siwr, yr oedd yn rhagori ar ieuenctid Penllwyn, ond pan ddaeth yma yr oedd cerddoriaeth yn uchel yma eisoes, yn goeth Syr, yn llawer mwy felly nag hyd yn oed yn awr, ac yr oedd yma amryw athrawon galluog mewn cerddoriaeth y pryd hynny. Wel, i chwi, daeth yntau yma fel rhyw geffyl ieuanc heb ei dorri i mewn, a chynigiai hyn a chynigiai y llall, rhywbeth er mwyn symud ac nid er mwyn gwella.

Ond yr ydych chi yn deall Syr yn burion y drafferth oedd gyda'r fath un imi (yr oeddym yn deall wrth gwrs), y drafferth fawr gawsom gydag ef i'w gadw o fewn terfynau. Tybiai dynion anwybodus a difarn ei fod yn fwy dyn nag oedd o lawer. a chredai yntau hynny—a thrwy y cwbl byd mawr fyddai ei gadw i lawr." Ychwanega J. Eiddon Jones y frawddeg awgrymog hon,

"Ac ymddengys y tybiai rhai o wŷr da Aberystwyth mai eu llwybr rhagluniaethol hwynt i wasanaethu Duw a'u cenedl, oedd cadw i lawr y tân oedd ym mynwes plentyn y Pistyll Gwyn."

A oes awgrym o'r 'cythraul canu' yn y sylwadau uchod? Mae'n od o debyg. Ychwanega'r Parchedig John Roberts yn ei draethawd ar Ieuan Gwyllt hyn,

" . . . teimlad pobl Aberystwyth oedd mai dymunol fyddai iddo fynd i rywle arall i arllwys ei genadwri. Teimlent fod ynddo dân ac nis gallent beidio ofni i'r tân hwnnw ddifa yn llwyr rai o'r defodau a'r arferion oeddynt hwy wedi eu gwisgo fel dillad esmwyth" (tud. 26).

Mae'n siŵr fod yna elfen gref o hunan-hyder yn Ieuan Gwyllt. Credai ynddo'i hun a'i farn ac roedd yn barod bob amser i'w cyhoeddi. Gallai hynny gynddeiriogi rhai. Tecach o lawer yw gwyleidd-dra a doedd dim gormod o hwnnw gyda Ieuan Gwyllt yr adeg honno. Eto, bu Aberystwyth yn angharedig wrtho. Methwyd â gweld, yn arbennig yn y capel, fod gŵr go addawol yn eu plith ; gŵr o dalent eithriadol a mai eu rhesymol wasanaeth oedd rhoi tragwyddol heol i'r dalent honno. Pwy ddywedodd, ' It is better to be a stepping stone than a stumbling block ' ? Maen tramgwydd a osodwyd ar ei lwybr.

Eto rhaid cofio am y cyfle cerddorol a gafodd, a diau i'r ' Eos ', y llyfr nodiadau colledig, ysywaeth, dyfu gan y tonau a'r alawon a gasglodd. Yr oedd eisoes wedi dechrau ar waith arbennig, sef, casglu defnyddiau ar gyfer llyfr tonau.

Rhag i ni dybied mai dim ond cerddoriaeth a diwinyddiaeth oedd yn cyfri iddo, cyfeiria Absalom Prys yn ei lythyr at :

' Y rhiw deg a lygad dynnodd dipin arno a hynny cyn myned i Aberystwyth. Ac wedi myned yno bi iddo yr un anffawd fel yr addefai wrthyf ei fod wedi cydio mor ffast nes oedd yn rhwystr mawr iddo gyda efrydiau. Ond gorchfygodd eto.'

Ai gwir hynny ? Ymhen rhai blynyddoedd priododd ferch o Aberystwyth. Bu'n lletya yn ei chartre ! Nid dyma'r wraig tŷ-lojin olaf i drefnu priodas yn Aberystwyth. Fe â Absalom Prys ymlaen i sôn am ' gwymp ' arall yn ei hanes.

"Ar ol dyfod yn rhydd o afaelion y rhiw deg ymafaelodd Miss arall ynddo, sef, Miss Barddoniaeth. Clywais ef yn cwyno yn dost ar y Miss yma hefyd, a dywedai ei fod yn meddwl y byddau yn rhaid iddo ysgrifennu iddi lythyr ysgar oni te na chai hamdden i wasanaethu neb na dim ond y hi. Ac felly y gwnaeth i raddau helaeth."

Wrth ei ddilyn o Benllwyn i Aberystwyth gofynnwyd, pa ddylanwad a gâi Aberystwyth arno a pha ddylanwad a gâi ef ar Aberystwyth ? Mwy o bob ochr nag a allai neb ei ragweld. Dysgodd lawer yno, a pha feirniadaeth bynnag a ellir ei rhoi ar y ' pennau mawr ' yn y Tabernacl, heb os, bu'r dosbarth Beiblaidd o fendith iddo. Ond prifiodd fwy yn gerddorol yn y cyfnod hwn a lledodd ei orwelion. Eto, enaid clwyfus oedd e. Roedd craith arno, craith go ddwfn hefyd a fyddai'n rhedeg yn awr ac eilwaith weddill ei ddyddiau. Er ei glwyfo gwrthododd bob cyfle, ac y mae'n debyg iddo gael rhai yn y cyfnod hwn, i fynd i wasanaethu enwadau eraill. Plentyn y diwygiad Methodistaidd oedd e yn y bôn. Os y'i clwyfwyd, ni chwerwodd, pa beth mwy a ellir ei ddweud am neb ? Yn enwedig un ifanc a thân yn ei fol.

Pennod 3

FFARWEL I BLWY LLANBADARN

AC yntau o fewn tri niwrnod ar ddeg i gyrraedd ei ddeg-ar-hugain, efe a gasglodd y cwbl ynghyd ac a gymerth ei daith i wlad bell. Nid afradlon yn bwrw bant mohono, gwyddai i ble yr oedd yn mynd a phwy a wasanaethai wedi cyrraedd. Yn sicr, nid cardota'i fywoliaeth a wnâi. Eto roedd yn anesmwytho ers tro. Siom y gwrthodiad yn Aberystwyth yn ei gorddi fwy fwy ; ni fynnai dreulio ei oes gyda'r cyfreithwyr, ac yn sicr roedd arno awydd cryf i ledu ei orwelion cerddorol. Roedd i fesur helaeth wedi dihysbyddu'r hyn a gynigiai Aberystwyth iddo yn y maes hwnnw, a hefyd roedd arno awydd am fentro i faes newydd. Gwelsom iddo dreio sawl swydd yn Aberystwyth a phan welodd hysbysiad yn yr *Amserau* fod eisiau is-olygydd ar y papur hwnnw, wel, mentrodd ei gynnig ei hun. Cafodd y swydd. Diau fod ei brofiad fel golygydd *Blodau Cerdd* wedi bod o help iddo.

Roedd yr *Amserau* yn bapur o bwys yn y Gymru honno. Y Golygydd oedd Gwilym Hiraethog, sef, William Rees, gweinidog amlwg gyda'r Annibynwyr a'i frawd hŷn Henry Rees gyda'r Methodistiaid Calfinaidd. Mae'n siŵr fod gweithio ar bapur radical, cyffrous yn apelio at Ieuan Gwyllt. Darllenodd gwerin Cymru y gyfres, 'Llythyrau'r Hen Ffermwr' yn awchus am fod cwestiynau llosg yn cael eu trafod ynddi, pethau fel cyfodiad radicaliaeth yn Lloegr, Deddfau'r Ŷd, Pabyddiaeth, a gormes o bob math yn dod 'tani. Yn ddiau bu'r *Amserau* yn un o'r prif gyfryngau i ddeffro Cymru yn wleidyddol. Dyma lwyfan wrth fodd calon y radical ifanc o Benllwyn. Tarodd ei ben yn erbyn wal ceidwadaeth Aberystwyth lawer tro, a chafodd ddigon ar daro'i ben ! Nid oedd argoel fod y wal yn rhoi, roedd mwy o farce ar ei ben e. Ac ar Ragfyr y nawfed, 1852 aeth at ei waith i Lerpwl. Tybiodd yn gwbl resymol y câi gyfnod o brentisiaeth, wedi'r cwbl roedd gofalu am wythnosolyn yn beth gwahanol iawn i'w *Flodau Cerdd* misol ef. Ond gyda'i fod wedi cyrraedd cafodd ei hun, fwy neu lai yn sedd y golygydd. Gwilym Hiraethog yn awyddus i daflu'i faich oddi ar ei war, mae'n amlwg. Ymhen dwy flynedd dyma a ddywed,

"Y mae yn dda gennyf hysbysu i chwi fod llawer rhwng y 'Mysere' (llygriad tafodieithol o'r *Amserau*, mae'n amlwg) a myned i ffordd yr holl ddaear. Yr wythnos y deuthum yma, hynny oedd 14 mis i heddyw, y nifer a argreffid oedd 1,850; yr wythnos hon y nifer yw 3,200. Niclas o Rwsia deallwch, nid Ieuan Gwyllt, sydd yn foddion i helaethu ei gylchrediad yn y mesur hwn. Nid oes gan I. Gwyllt modd bynnag, un achos i gwyno oherwydd y derbyniad a gafodd ar ei ymddangosiad o flaen y wlad; yn wir, y mae yn llawer mwy *flattering* nag y meddyliais y buasai. A dweud gair o wirionedd i chwi, yr oeddwn unwaith ar roddi y gorchwyl i fyny, oherwydd yr ofnwn, pan unwaith y gwybyddai y wlad fod Mr. Rees wedi ei adael, y byddai yn llawn bryd i'r *Amserau* hwylio i roddi "ei gerdd yn ei gôd", neu ynte gael rhyw olygydd mwy galluog ac adnabyddus" (Llythyr cyfrinachol at y Parchedig T. Levi, gw. *Ieuan Gwyllt*, T.E.J., tud. 39).

Cyfeiriais at radicaliaeth y papur, a does fawr o amheuaeth na roddodd Ieuan Gwyllt hwb i hwnnw. Cystal inni flasu rhai pytiau. Yn y rhifyn, Mawrth 17, 1852 mae'n trafod yn ei erthygl olygyddol, *Swn Etholiad*—

Cynrychiolaeth Cymru

"Pe troem ein golwg i Sir Gaernarfon, drachefn, tir y mae ymneillduaeth wedi ei lwyr oresgyn a'i feddiannu, pwy yw ei chynrychiolwyr? Dau uchel eglwyswr o'r iawn waed oll. Aeth dau weinidog perthynol i'r Bedyddwyr at gynrychiolydd y Sir honno yn ddiweddar i ofyn am ddarn o dir i adeiladu capel arno, yn ninas Bangor, a pha ateb gawsant? Dyma fe,

"Mr, edrychwn ar eich crogi yn gyntaf." Clywsom y chwedl hon gan un o'r gweinidogion hynny, ac ni allem amau ei gwirionedd, er mor anhygoel yr ymddengys. A dyma iaith gwr bonheddig, cynrychiolydd anrhydeddus Sir Gaernarfon yn y Senedd ! Dyma y gŵr a ddaw yn fuan heibio i ymneillduwyr i ofyn am eu pleidleisiau drosto, a chaniatau ei gais yn rhwydd ddigon yn ddiau ! Ymaith bellach a'r ysbryd isel wael o wasaidd, ymgrymu wrth draed y rhai a elwir yn foneddigion hyd nes y dysgont ymddwyn yn foneddigaidd."

Pwnc wrth fodd Ieuan Gwyllt. Oni welodd daeogrwydd slafaidd i 'gotiau coch Gogerddan' yn ei fro ei hun ? Oni welodd ormod o foesymgrymu diystyr yn Aberystwyth ? Oni bu ef ei hun yn brwydro yn erbyn y peth yn y dosbarth Beiblaidd yn y Tabernacl ? Does ryfedd fod egni protest yn llifo yn goch i inc ei erthygl olygyddol, oes e ? Rhaid addef, er fod llwch canrif a mwy wedi disgyn ar ei gyfraniad, nid yw wedi llwydo. Heb os, roedd is-olygydd newydd yr *Amserau* yn gofalu bod y werin Gymreig yn cael help sylweddol i ddihuno o'u trwmgwsg.

Ond daliwch eich anadl am foment, nid un ergyd strae oedd yr olygyddol a ddyfynwyd, eithr un o lawer o rai tebyg. Roedd gwn mawr Lerpwl yn saethu ergydion wythnosol tros y Ferswy.

Gorffennaf 7, 1852, trafod a wna yr etholiad a oedd ar ddod :

"Y mae y meddwl fod y rhai a elwir yn wŷr mawr y tir mor echrys lygredig eu hegwyddorion ; mor ddibarch i wirionedd ac uniondeb, ac y sathrent fel hyn ar bob egwyddor o rinwedd ac anrhydedd cyhoeddus, yn wir ofnadwy. Yr ydym yn ddibetrus a diofn yn arddangos mai y mawrion hyn ydynt y dynion sydd yn gwneud i fynu y dosbarth mwyaf halogedig a gwir ddirmygus yn y wlad. Ni ddylid eu harbed ar gyfrif eu *mawredd*, eu cyfoeth, eu teitlau, heb un dynoethni, a'u nodi allan yn eu gwir nodweddau ; y maent yn hytrach ar y cyfrifion hyn yn deilwng o'n ffrewyll yn llawer llymach. Dyma'r dynion a eisteddant ar y fainc ynadol i weinyddu cyfiawnder y tir—a gymerant arnynt eu bod yn caru gwirionedd, gonestrwydd a rhinweddau cymdeithasol, a gyhoeddant geryddon llymion y gyfraith ar ei throseddwyr gyda difrifoldeb a chrefyddolder ymddangosiadol mawr dros ben, a'r dynion hyn wedi'r cwbl, ar adegau etholiad a roddant bob gallu a dylanwad a feddant i halogi cydwybodau a llygru moesau y bobl,—a ddinystriant hyd y mae ynddynt hwy bob elfen o rinwedd moesol a chymdeithasol yn y wlad."

A allai Amos, yn ei rwysg a'i rym, ddywedyd yn amgenach ? Ac o gofio am Gymru ganol y bedwaredd-ganrif-ar-bymtheg, mae'r erthygl olygyddol yn gryf, a dweud y lleia. A chofiwch, roedd y cylchrediad yn cynyddu. Arwydd iach fod gwanwyn yn y tir.

Mae'n anodd ymatal, cymaint o gyffro yn yr *Amserau*, a rhyfedd pa mor berthnasol yw i'n dyddiau ni !

Medi 19, 1852, trafodir pwnc a drafodwyd lawer tro gan Gwilym Hiraethog :

"Y mae yn amhosibl darllen *Uncle Tom's Cabin* heb i'n holl deimladau gael eu cyffroi. Weithiau bydd ein teimlad digofus yn cael y feistrolaeth ar bob teimlad arall. Dan ddylanwad hwn dymunasom fod i'r holl gaethion gael eu symud o Daleithiau y caethiwed a bod i'r darn hwnnw o'r byd, a holl bleidwyr caeth-iwed arno, gael ei lifio oddi wrth gorff y ddaear."

Rhown y dyfyniad olaf i'w farn am bencadlys *Yr Amserau*, Lerpwl, prifddinas Gogledd Cymru yr adeg honno ac am lawer blwyddyn.

Trafod y mae ar Fehefin 9, 1852, ymgeiswyr Lerpwl yn yr etholiad :

"Hen nythle ddrewllyd toriaeth ydyw Liverpool wedi bod o ddyddiau y gaethfasnach hyd y dyddiau hyn, yn fwy felly nag un dref fawr boblogaidd yn y deyrnas. Y mae dylanwad afiach uchel eglwysyddiaeth yn parhau yn ei rym i raddau helaeth ynddi, ac ymneillduaeth ac egwyddorion rhyddid yn isel a gweiniaid mewn cymhariaeth. Un rheswm am hyn ydyw, ddarfod i'r Eglwys ymneillduol yn amser yr ymdrech fawr am ddiddymiad y gaethfasnach, ddwyn eu tystiolaeth yn erbyn y peth melltigedig ac ysgymun hono, a gwrthod cymundeb eglwysig i bob un ag oedd ganddo lais ynddi, ac a wrthodai dynu ei law oddiwrthi. Digiodd hyn y cyfoethogion a berthynent i'r cyfoethogion yn ddirfawr ac enciliodd y rhan fwyaf o lawer i'r eglwys sefydledig, lle yr oedd croesaw calon iddynt i fwynhau ei chymundeb a masnachu faint a fynnent yng nghig a gwaed eu cyd-ddynion. Tref ydyw, fel y dywedai y diweddar Barchg J. Elias unwaith, wedi ei hadeiladu trwy drais, a chwŷs â gwaed y caethion truain wedi cymysgu y cymrwd a gydia briddfeini muriau ei thai wrth eu gilydd. Tref, meddai, ag y mae ei cherrig yn llefain o'r muriau a'i thrawstiau yn ateb o'r gwaith coed, yn ei herbyn."

Ni fu Alwyn D. Rees yn nyddiau grymusaf golygyddol *Barn* na chwaith Saunders Lewis yn nyddiau anterth, *Cwrs y Byd*, *Y Faner*, yn gryfach, do fe ? A'r gymysgedd a geid oedd gwleidyddiaeth radical, ymneilltuaeth, a hynny'n golygu safbwynt gwrth-eglwysig a gwrth-uchel-eglwysig. I'r gymysgedd yna deuai pob math o bynciau amserol, megis caethwasanaeth, datgysylltiad a'r gynrychiolaeth Seisnigaidd i'r senedd. Yn naturiol ni allai newyddiaduraeth broffwydol fel hon lai na tharfu rhai, dyma mae'n siŵr oedd un rhan o'r bwriad. Yn Rhagfyr 1854 mynnodd Cymdeithasfa'r Gogledd o Eglwys Bresbyteraidd Cymru ddatgan,

"Gwelwch, wrth hysbysiad yn yr *Amserau* nesaf, fod y 'corff' yn y Gogledd wedi ystyried yn ddyletswydd arno hysbysu i'r byd nad oes unrhyw gysylltiad rhyngddo ef â'r *Amserau* (nid yw yn ei enwi, wrth gwrs) ac nad yw mewn un modd yn gyfrannog o'i olygiadau. Nid wyf fi yn gwybod fod neb wedi bod mor ffol a meddwl hyny erioed ; yr wyf yn gwybod yn dda na feddyliais i erioed ddim yn agos at hyny ; ac yn wir, byddai yn wir ddrwg genyf gael fy hun yn y cymeriad o *organ* y Corff, na than ei lywyddiaeth mewn un modd mewn *politics* gwladol na chrefyddol. (o'r llythyr at T. Levi—tud. 40—*Ieuan Gwyllt*, T.E.J.)

Yn wir, y mae'r aelod seneddol dros Sir Fôn, Syr Richard Bulkeley yn galw sylw yr Ysgrifennydd Cartref at rai pethau yn yr *Amserau*. Go brin fod y Syr yn ei ddarllen, ni allai, mae'n siŵr, ond roedd gydag e ddigon o gynffonwyr parod i gyfieithu. Yr hen, hen hanes, onide? Nid y Toriaid yn unig a gythruddai, ceir *Y Dysgedydd* ym Mawrth 1856 yn cwyno am 'fod rhyw bethau yn cael ymddangos ynddo nad oeddynt yn foddhaol i ryw ddosbarth yng ngwersyll Annibyniaeth, ac oherwydd hyn bygythid bodolaeth yr Amserau."

Cododd helynt mewnol ac amharodd hynny yn ddirfawr ar bethau. Ceir Ieuan Gwyllt yn cynnig ei ymddiswyddiad yn Nhachwedd 1856. Gwraidd yr helynt oedd y ffaith fod y cyhoeddwr yn atal llythyrau rhag dod i law y golygydd, a hefyd, am ryw reswm yn atal cyhoeddi llythyrau a gymeradwywyd gan y golygydd.

Yn y llythyr y dyfynnwyd ohono eisoes a anfonodd at y Parchedig T. Levi dywed yn 1857:

"Yma yr ydwyf, chwi a welwch, pa un bynag ai yma ai yn rhywle arall y dylwn fod sydd bwnc arall. Fy nghysylltiad â'r *Amserau* ydyw hyn, yr ydwyf yn ysgrifennu yr erthyglau arweiniol—ni bu ond dwy wythnos, yn wir, er ys ychwaneg na phum mlynedd bellach, heb i mi wneuthur hyny, ac yn ychwanegol at hyny, yn awr ers tua thri mis, myfi sydd yn ysgrifennu y 'Newyddion Tramor' a 'Helyntion yr India', ac yn ychwanegol at hyny un gyfres, neu un dosbarth o'n 'Henwogion'. Y dosbarth o'r rhai hyn sydd yn fy ngofal i ydyw—Gwleidyddwyr a Gwyddonwyr a Llenorion Cyffredinol." (tud. 42—*Ieuan Gwyllt*, T.E.J.)

Roedd yn cario baich trwm. Ni chwynai. Mae'n amlwg fod 'inc yn ei waed', neu yr oedd yr inc yn rhoi cyfle iddo i gyhoeddi rhywbethau a oedd yn argyhoeddiad iasol yn ei enaid.

Beth bynnag, yn Hydref 1858 mae'n torri ei gysylltiad â'r *Amserau*. Erbyn hyn daeth newyddiadur wythnosol arall i'r maes, *Baner Cymru* o dan olygyddiaeth Thomas Gee. Cystadleuwyr fuont am gyfnod, er mai pledio yr un achosion a wnaent. Naturiol oedd i'r ddeuawd droi'n unawd. Dyna a fu ar Hydref 5, 1859, a chafwyd *Baner ac Amserau Cymru* teitl y *Faner* hyd y dydd heddiw. A ddeil felly wedi dyfod o'r *Faner Newydd* ym Mawrth 1977 ?

Hyd yma rhoddwyd sylw i'w waith fel golygydd papur newydd, beth am y pregethwr a rwystrwyd a'r cerddor addawol ? A dagwyd y diddordebau gan yr inc ? Dim o gwbl. Cysylltodd ei hun ag eglwys Rose Place. Bu'n flaenor y gân am gyfnod a chydlafuriodd â gŵr a ddaeth yn gyfaill iddo, Eleazar Roberts, arloeswr gyda'r Tonic Solffa. Cafodd gyfle i bregethu, yn afreolaidd, mae'n debyg. Ni chafodd fawr o symbyliad na chefnogaeth i wneud hynny o gyfeiriad Rose Place. Edrychid ar olygydd yr *Amserau* â chryn amheuaeth ! Beth bynnag, roedd yno flaenor a drefnai oedfaon i'r eglwysi gweiniaid a threfnodd i Ieuan Gwyllt lenwi bwlch, a dyma nodyn yn y Beibl Teuluaidd :

1856, *June* 15, *Preached first sermon at Runcorn. Text. Effes.* 11, 12.

Pam yr oedd e fel radical gwrth-Seisnigaidd yn dal i lenwi ei ddyddiadur yn Saesneg ? Cafodd ddigon o gyfle i bregethu yn afreolaidd. Ceir y nodyn diddorol hwn gan T. Eiddon Jones yn ei gyfrol, *Ieuan Gwyllt*, (tud. 44).

"Daeth i Gaerdydd ddydd Sadwrn, Gorph. 17eg, 1858, a phregethodd gyda ni yng nghapel Bethania, am 10 a 6 o'r gloch Sul y 18fed, pan y cafwyd y prawf mwyaf amlwg ei fod yn gyflawn o ddefnyddiau gweinidog cymhwys y testament newydd ! Ond nid oeddynt wedi gweled y prawf hwn yn Liverpool, ac yn unig trwy 'oddefiad' a than gysgod Mr. E. Morris, yr oedd yn cael cynnyg ar y gwaith. Yng nghanol deddfau, a gosodiadau, ac awdurdodau, y mae yn dda, *weithiau*, fod ambell un yn llywodraethu yn ôl fel y myno efe ei hun ; a dhan y mae eglwys Dduw heb fod a'i llygaid yn ddigon agored, y mae yn debyg fod rhagluniaeth Duw yn goruwchlywodraethu hyn er cyrhaedd rhyw amcanion o'i eiddo ei hun."

Doedd dim llawer o wahaniaeth rhwng Aberystwyth a Lerpwl, mae'n amlwg. Dyw daearyddiaeth ddim yn newid diwinyddiaeth na dynoliaeth y saint.

Pa fanteision cerddorol a gafodd yn Lerpwl? Llu ohonynt. Soniwyd amdano yn flaenor y gân ac yn hyfforddi'r plant. Nid oedd ganddo fawr o olwg ar y Tonic Solffa, system yr oedd y Parchedig John Curwen yn ei chymeradwyo'n frwd; ac y mae'n debyg mai ei gyfaill, Eleazar Roberts a agorodd ei lygaid i werth y gyfundrefn honno.

Bu'n aelod am gyfnod byr o'r Liverpool Philharmonic Society. Teithiai lawer i wrando ar gerddorion ac unawdwyr. Yn wir, ceir ei fod yn mynd i Lundain, ar dro. Wedi gwledda yn helaeth ysgrifennai amdanynt i'r *Amserau* o dan yr enw '*Tŷ Arthur Llwyd*'. Dyma ei ffordd ef o geisio hyfforddi a goleuo'r Cymry a chodi safon chwaeth gerddorol yng Nghymru, gwaith y bu wrtho weddill ei ddyddiau. Daeth i'r amlwg fel beirniad cerddorol yn y cyfnod a bu galw mynych am ei wasanaeth. Aeth i Aberdâr, ei ymweliad cyntaf â'r lle ar Orffennaf 19, 1858, i arwain Cymanfa Gerddorol Ddirwestol Gwent a Morgannwg. Dyma'r cerddor cyhoeddus a'r gŵr a fanteisiai ar bob cyfle i wrando ar gerddoriaeth dda. Ond yr oedd y teithio i gyngherddau ac i glywed prif unawdwyr y byd yn rhoi cyfle iddo wneud peth arall. Ers tro, yn wir, o ddyddiau cynnar Penllwyn roedd yr 'Eos' yn ei boced a chofnodai alawon a thonau. Bellach gwyddai'r wlad ei fod yn casglu defnyddiau ar gyfer llyfr Tonau newydd, a disgwylid yn eiddgar amdano. Gweithiau'n galed ar hwn. Mewn llythyr at ei gyfaill T. Levi, dywed,

"Mae fy mhregethu yn aros yn yr un fan, a'r unfan hono yn lled anfoddhaol; fy llyfr yn prysuro i wneud ei ymddangosiad, a bydd hysbysiad am y dydd yn bur fuan yn yr *Amserau*" (tud. 46, *Ieuan Gwyllt*, T.E.J.). Ei fwriad oedd i'r llyfr hwn gynnwys cerddoriaeth orau llawer gwlad. Chwiliodd a chasglodd o lawer maes, yn arbennig ym maes cerddoriaeth gysegredig yr Almaen.

Roedd yn gwneud ei orau drwy golofnau'r *Amserau* i berffeithio chwaeth y Cymry. Nid oedd hyn yn ddigon. Bu'n darlithio llawer yn y cyfnod yma ar ' Gerddoriaeth ', yn arbennig, cerddoriaeth y cysegr. Ni allai oddef tonau sâl. Cafodd ei hun mewn trafferth fwy nag unwaith. Soniodd am y dôn ' Pen Calfaria ' fel tôn wael. Pan ofynnodd i'r dyrfa ei chanu ar y geiriau ' Gwaed y groes sy'n codi i fyny ', cafwyd hwyl ryfeddol. Ni allai eu cael i orffen ! Tipyn o dasg iddo oedd diwyllio chwaeth. Dysgodd hynny'n fuan, ac yr oedd i ddysgu'r wers yma droion cyn cau ei lygaid.

Ymddengys mai bywyd unig a gafodd yn Lerpwl, "Y mae ei fod yn olygydd papur newydd yn ei wneud yn anathema yng ngolwg pob penog Methodist uniongred. Y mae yn amhosibl, chwi wyddoch, fod un dyn duwiol yn treulio ei holl amser gyda pheth mor wael a phapur newydd. Y mae ei fod yn Fethodist yn ei wneud yn wrthodedig gan lenorion Annibynol y dref." (tud. 50, *Ieuan Gwyllt*, T.E.J.).

Ymroi i ysgrifennu a wnâi yn y cyfnod. Ceir erthygl hir ganddo yn y *Traethodydd* ym 1857 am *Mendelssohn, ei fywyd a'i waith*. "Llawer gwaith y buom yn meddwl casglu yr ychydig a wyddem ac a feddyliais am brif feistriaid y gelfyddyd gerddorol, a'i osod mor gryno ag y medrem, mewn cyfres o erthyglau o flaen darllenwyr y *Traethodydd*. Yn awr y mae y bwriad hwnnw yn dechrau esgor, ei gyntaf anedig ydyw yr anfarwol Mendelssohn. Mwy trefnus ac athronyddol, fe allai, fuasai dechrau gyda J. S. Bach, y ddolen gyntaf yn y gadwen ddilhefelydd o gerddorion a hynodesant yr Almaen yn ystod y can mlynedd a hanner diweddaf . . ."

Drwy'r gyfres hon, yr un amcan eto, goleuo a glanhau chwaeth gerddorol.

Dangoswyd eisoes ei fod yn ŵr o farn ac nad oedd arno ofn

mynegi honno, costied a gostio. Câi gyfle yn Lerpwl i wrando ar bregethwyr mewn cyrddau arbennig,

"Y mae llawer iawn gormod o gorachod meddyliol yn llenwi pulpudau Cymru, dynion eiddil, cysglyd, diogel, y rhai ni allant, ac nad oes yn eu bryd i gyflawni dim uwch na bod yn ostyngedig i'r "galluoedd sydd"—bod mor dduwiol ymddangosiadol ag y mae modd—a phatchio i fyny nifer o ymadroddion pregethwrol ar lun pregeth—a dysgu rhyw dôn na chlywir ei chyffelyb, ie, yn wir, na oddefir ei chyffelyb mewn unrhyw gymdeithas ag y byddo *common sense a* chanddo ryw lywodraeth arni (tud. 51—*Ieuan Gwyllt*, T.E.J.).

Wrth feddwl am fod yn bregethwr ei hun, dymuno bod yn bregethwr da yr oedd ac nid yn *common jack*.

Ond annerbyniol oedd yn Lerpwl, yn enwedig yn y cylchoedd capelol. Ei radicaliaeth wleidyddol, diwinyddol a cherddorol yn rhy fentrus i'r ceidwadwyr ymhob cylch.

Gwelsom i bethau droi'n sur yn swyddfa'r *Amserau*. Diau i hynny effeithio arno. Yn niwedd Hydref 1858 mae'n symud i'r Sowth, i Aberdâr i fod yn olygydd, *Y Gwladgarwr*. Roedd hi'n ymddangos fel pe bai am barhau gyda newyddiaduriaeth. Ond yr oedd yn awr ar drothwy un o'r cyfnodau pwysicaf yn ei hanes—y trobwynt.

Symudai yn awr i gylch a oedd yn fwy cydnaws â'i radicaliaeth. Gwyddai hynny. Roedd y 'chwyldro diwydiannol' yn ei anterth ym Merthyr ac Aberdâr, "a ffordd yr annuwiolion a â i Ferthyr", meddai aralleiriad o gymal o adnod o'r Salm gyntaf, a dyna oedd y gred boblogaidd. Cymaint yn tyrru o'r Gorllewin i chwilio am waith a'r llenwi disymwth yn creu problemau ac yn gyfle i ddrygioni o bob gradd.

"For the outstanding characteristic of Merthyr constituency in the mid-century was its size in relation to other towns in Wales. In 1851 its population numbered nearly 64,000; by 1861, it was over 86,000 and by 1871 nearly 100,000. But we need to distinguish here, for the constituency included the parish of Aberdare as well as the southern tip of Vaynor . . . Aberdare was still very small compared with its greater neighbour, and indeed, in most of the things that mattered in local and parliamentary politics, it scarcely had a voice of its own. In the period covered by this chapter, however, it was Aberdare which was contributing most to the growth of the parliamentary borough. Population growth in the parish of Merthyr was not as spectacular after the late 1840's as it had been earlier. Only about 4,000 were added to its population in the decade after 1851, and another 5,000 in the next ten years. But in Aberdare the population had been doubling every ten years from 1831 to 1861. 17,000 were added between 1851 and 1861, and by 1871 it was already three-quarters the size of Merthyr. (*Merthyr Politics*, Glanmor Williams, tud. 34).

Dyma gyfnod cloddio'r glo—o'r un gyfrol eto,

"by 1869, the Aberdare collieries alone were producing over 2,000,000 tons of coal a year."

Aeth Ieuan Gwyllt yno i ganol y berw. Roedd ei ffroen newyddiadurol yn dweud wrtho mai dyma'r lle iawn iddo fod fel radical. Ond nid newyddiadura oedd yr unig reswm. Gwelsom iddo fod yno yn arwain cymanfa ganu ddirwestol yng Ngorffennaf 1858. Gyda'r dylifiad i'r 'gweithie', y capeli'n llawn, egni yn yr Ysgol Sul a mynd ar y cymanfaoedd canu dirwestol, yn ddi-os, gwelai fod Aberdâr yn lle iawn, yr union le i gerddor fod. Barnodd yn iawn.

O un Hydref i'r llall, Hydref 1858 hyd Hydref 1859, digwyddodd pedwar peth pwysig yn ei hanes. Bellach roedd yn ŵr ifanc un-ar-bymtheg-ar-hugain, ac ar ôl ymsefydlu yn Aberdâr fel golygydd *Y Gwladgarwr*, priododd Miss Jane Richards o Aberystwyth. Yn Jewin, Llundain y bu'r briodas a hynny ar Ionawr 4, 1859. Cafodd gymar a fu'n gefn iddo.

Ymhen tri mis roedd ei Lyfr Tonau i ymddangos. Digwyddiad o bwys cerddorol a chenedlaethol. Bu'n gweithio'n hir arno.

Yn ei raglith mae'n trafod ei syniadau am gerddoriaeth y cysegr a lle'r gerddoriaeth honno ym mawl ac addoliad yr eglwys.

"Y mae caniadaeth gysegredig lliaws o'n cynulleidfaoedd bron mor ddidrefn yn awr ag oedd ers deugain mlynedd yn ôl, ac yn llawer iawn mwy difywyd. Nid cynulleidfaoedd bychain mewn ardaloedd gwledig a digyfleustra sydd yn ein golwg, ond y mae y canu cynulleidfaol yn anrhefnus a llwydaidd dros ben yr olwg mewn llawer o'r cynulleidfaoedd lluosocaf, yn ein trefydd mawrion a'n hardaloedd poblogaidd, ie, hyd yn oed mewn lleoedd ag y mae clodydd eu canu corawl yn adsain trwy yr holl wlad."

"Ymddengys i mi mai y prif ddiffyg ydyw diffyg ystyriaeth ar ran yr eglwysi yn gyffredinol, ac yn enwedig gweinidogion yr efengyl a swyddogion tŷ Dduw, o bwysigrwydd a lle y rhan odidog hon o wasanaeth yr Arglwydd."

"Os cynhelir cyfarfod canu o gwbl, nid oes neb yn dyfod iddo ond ychydig o blant a phobl ieuainc ; y mae swyddogion a phobl barchusaf, dduwiolaf, a mwyaf dylanwadol yr eglwys a'r gynulleidfa, yn ymgadw rhag dyfod i'r cyfarfod canu fel pe na fyddai ond rhywbeth er mwyn difyrwch i'n pobl ieuainc, ar y goreu."

"Fy amcan arbennig yn ymgymeryd â'r gwaith hwn oedd, cynysgaeddu y Cymry â Chasgliad, nid yn unig o Donau da, ond â'r Tonau goreu, hyd y gallaswn farnu, a fedd y byd, at wasanaeth cynulleidfaol, a hynnu mewn cyfrol hawdd, cyfleus . . ."

"Nid oes neb ond yr ychydig a gawsant fesur o brofiad ar waith cyffelyb a fedrant ffurfio dirnadaeth deilwng am y drafferth a'r draul a gostiodd darparu Llyfr o'r fath. Yn y lle cyntaf, yr oedd gennyf i gasglu cynifer ag oedd yn gyrhaeddadwy i mi o'r prif gasgliadau o Donau Eglwysig a gyhoeddwyd, nid yng Nghymru yn unig, ond hefyd yn Lloegr, yr Alban, yr Almaen, yr Eidal, a'r America. Wedi cael rhai miloedd o Donau felly i law, y gorchwyl nesaf oedd dethol. Y prif bethau yr ymofynnwn amdanynt mewn Tôn oeddynt, cerddoriaeth, symlrwydd, eangder meddylddrych, urddas, a chrefyddolder neu ddefosiwn."

Yna mae'n rhoi cyfres o gynghorion.

(*a*) "Ein Gweinidogion a'r Pregethwyr :

Ei ddyletswydd, cyn myned i'r addoldy, ydyw nodi yr Emynau mwyaf cydweddol â natur y pwnc a pha un yr ymdrina yn ei bregeth, a hysbysu i ddechreuwr y gân, cyn esgyn i'r areithfa, pa rai ydynt.

(*b*) Ein Blaenoriaid Canu :

Dylai blaenor y gân, yn y lle cyntaf, fod yn feddiannol ar ddigon o wybodaeth a medr yn y gelfyddyd i ddarllen pob Tôn, Salm neu Hymn a ddelo dan ei sylw—Mewn Tonau Cynulleidfaol yr ydwyf yn ystyried mai ansawdd y geiriau, yng nghyd a nodwedd y gerddoriaeth sydd i reoleiddio yr amser, yn gystal a nerth a goslef y llais.

(*c*) Corff y gynulleidfa :

Os goslef odidog a ofynir gan y Dôn a'r geiriau, gofaler am ei rhoddi, os tyner fydd nodwedd y farddoniaeth a'r gerddoriaeth, bydded yr oslef felly hefyd, os clodforus, bydded yr oslef felly, ac os galarus, bydded goslef galar yn nawseiddio y llais. Caner â'r yspryd, a chaner â'r deall hefyd. Na floeddier gyda thrwst taranau yr hyn na ddylid ond prin ei anadlu, ac na ddatganer gyda thynerwch mursenaidd yr hyn sydd yn gofyn am holl odidogrwydd a nerth y llais dynol."

Mae cymaint o bethau da yn y rhagair yma fel mae anodd yw ymatal. Gwelir ynddo grisialu yr addysg gerddorol a gyfrannodd Ieuan Gwyllt a'r hyd y blynyddoedd. Rhyfedd pa mor addas yw o hyd ! Yn wir, dylid ei ailgyhoeddi a'i roi yn nwylo pawb sy'n gyfrifol am ganiadaeth-y-cysegr. Gŵr o flaen ei oes ydoedd ymhob cylch, heb os.

Cydiodd y *Llyfr Tonau* yn nychymyg y wlad a chafwyd un argraffiad ar ôl y llall.

Yn nechrau Ionawr, 1859 cafwyd Cymanfa ganu yn Aberdâr a defnyddiwyd proflenni y *Llyfr Tonau* arfaethedig, a dyma roi'r 'Gymanfa Ganu' ar ei ffordd. Roedd cymanfaoedd yn boblogaidd, ac yn *Y Tyst* 7/11/57 ceir W. W. Price, Aberdâr yn olrhain y Gymanfa Ganu,

"Dywedir yn gyffredinol mai yn Aberdar y cynhaliwyd y gyntaf a Ieuan Gwyllt yn arweinydd gyda rhyw betruster pa un ai Ionawr 10 neu Ebrill 4, 1859."

Yna mae'n olrhain lle'r gymanfa yn y mudiad dirwestol oddi ar ei gychwyn yn Lerpwl ym 1835. Yna ffurfiwyd 'cymdeithasau cerddorol' i "addysgu canu yn gerddgar a soniarus fel y gwneler mawl yr Arglwydd yn fwy cyhoedd, rheolaidd a gogoneddus."

"Ynddynt hwy y gosodwyd sylfeini cyntaf y Gymanfa Ganu, y cymdeithasau cerddorol a baratodd y ffordd i Ieuan Gwyllt a Thanymarian i wneud y gymanfa yn sefydliad rheolaidd yn gynnar cyn hanner olaf y ganrif ddiwethaf."

Does neb yn amau, erbyn hyn, nad oedd gan Ieuan Gwyllt ran bwysig yn sefydlu y Gymanfa ganu.

Mae'r *Western Mail* ym Mai 1922 mewn erthygl gan L. J. Roberts yn dweud hyn, yn iaith y papur hwnnw !

"It purified the musical taste of the nation and raised Wales to supreme ranks for its wonderfully fine Congregational singing. Ieuan Gwyllt's fastidious taste eschewed all that was tawdry, meretricious, superficial and if he gave in his book what some consider an undue space to the stately German chorales, the rest of the glorious eternal airs of his own country were not neglected. His own noble tunes, notably the austere 'Liverpool', and the sombre 'Moab' described by Sir Henry Hadow as 'one of the seven great tunes of the world' will live as long as there is singing amid the hills and valleys of Wales."

A dyna Ieuan Gwyllt drwy ei *Lyfr Tonau* a'r Gymanfa Ganu yn llwyddo i wneud i gerddoriaeth y cysegr yr hyn a geisiodd ei wneud ers tro. Bellach roedd ei lwybr yn brif-ffordd glir.

Cyfeiriwyd at dri pheth pwysig, sef y symud i Aberdâr, priodi a chyhoeddi'r Llyfr Tonau. Y mae un digwyddiad arall o bwys eto. Gweinidog Bethania, Aberdâr oedd y Parchedig David Saunders. Roeddynt wedi cwrdd yn Lerpwl a dod yn ffrindiau. Diamau i David Saunders agor y drws iddo i bulpudau Dwyrain Morgannwg, er nad oedd llawer o angen am wneud hynny. Gwyddent amdano. Fe'i derbyniwyd yn rheolaidd gan y Cwrdd Misol, cystal i Eiddon Jones gael dweud y stori yn ei gyfrol, *Ieuan Gwyllt* (tud. 54).

"Dechreuodd felly yn rheolaidd, yn ôl trefn y Methodistiaid yn Sir Forgannwg y pryd hynny, a chymeradwywyd ef gan y Cwrdd Misol. Mae Aberdar a Sir Forgannwg yn haeddu clod am hyn ; nis gwelodd Aberystwyth a Sir Aberteifi y defnyddiau —nis datguddiwyd i ' ddoethion a deallus ' tref Liverpool . . ."

Roedd Ieuan Gwyllt trwy ddyfod i Aberdâr wedi cyrraedd mewn mwy nag un ystyr.

"Rhaid oedd bod rhagluniaeth ddistaw
Rhaid oedd bod rhyw arfaeth gref"

yn ei symud i'r Sowth.

Rhaid cofio ei fod yn parhau i olygu'r *Gwladgarwr*, er mae'n anodd credu fod gydag e amser i hynny !

Ai yr un gŵr oedd yng nghadair olygyddol *Y Gwladgarwr* ag a fu yng nghadair *Yr Amserau* ? Dyw'r llewpart ddim yn newid ei frychni ! Yn rhifyn Awst 6, 1859 fe'i ceir yn trafod ' Brawdlysoedd Cymru.'

"Y mae yr Arglwydd Brif Farnwr Cockburn newydd orffen ei gylchdaith trwy Ogledd Cymru ; ac yr ydym ninnau yn awr yn gallu gwrthgyferbynnu agwedd ac ymadroddion y Barnwr boneddigaidd, pwyllog a theg hwn, a lleferydd ac agwedd unochrog, dallbleidiol, taeog a gwrth gymreig y Barnwr a fu ar y gylchdaith o'r blaen trwy Ogledd Cymru, sef, y Barnwr Bramwell. Yn ei gyfarchiad i'r Uchel-Reithwyr, bron ymhob sir yn y Gogledd llongyfarchodd Arglwydd Cockburn hwynt oherwydd bod troseddau mor ychydig yn y wlad, ond yr oedd y barnwr Bramwell yn ceisio canfod rhywbeth ymhob sir, i'w feio a'i wawdio, ac os nad allai gael dim gwirioneddol, efe a ddyfeisiai bethau, gan adael i'w elyniaeth at iaith, arferion a chrefydd Cymru reoli ei gyfarchiadau i'r Uchelreithwyr. Y mae ein darllenwyr yn cofio ddarfod iddo gynghori Saeson i beidio gwario arian ar weithfeydd yng Nghymru am fod y Cymry yn bobl mor anonest."

Dyma Ieuan Gwyllt y Cymro Cymraeg yn cael ei gyffroi gan agwedd meddwl uchel swyddogion trahaus at Gymru. Chwarae teg iddo am fentro pryd yr oedd ymgreinio yn beth cyffredin a disgwyledig.

Ac o ddarllen *Y Gwladgarwr* yn ystod ei dymor byr fel golygydd mae dau beth yn taro rhywun. Y cyntaf yw Cymreigrwydd y papur. Wythnosolyn Cymraeg ydoedd mewn cylch na fedr ers tro bellach ddarllen iaith *Y Gwladgarwr*, ond y mae Cymreictod cadarn y papur yn tystio i natur y gymdeithas y cylchredai ynddi ar y pryd. A'r ail beth yw safbwynt ymneilltuol y papur. Yno gwelir radicaliaeth, heb amheuaeth. Ac ni allai Ieuan Gwyllt ond grymuso y pwyslais hwn.

Yn rhifyn Awst 13, 1859, y pennawd yw'r BABAETH.

"Y mae rhyfel wedi ei gyhoeddi yn erbyn y Babaeth, sef, Rhyfel Syniad a Rheswm, ac ond i'r Syniad a'r Rheswm hynny gael eu nawseiddio, eu tymheru, a'u tywys gan ysbryd Gwirionedd Efengylaidd, bydd cwymp y Babaeth yn beth anocheladwy. Nid oes un diwrnod yn myned heibio yn y dyddiau hyn, heb i ryw erthygl frathog ymddangos—heddyw mewn papur is-swyddogol, yfory mewn papur radicalaidd—oll yn dwyn yr un byrdwn—Gormes y Babaeth. Dyna y ffordd i niweidio y Babaeth—cyhoeddi ei hanfadrwydd yn ei mangre ei hun—

argyhoeddi plant y pab fod ganddynt dad drwg, annaturiol, twyllodrus, a gelynol i bopeth a'u llesâ hwynt yn wladol, moesol a chrefyddol."

Pell oedd dyddiau yr Eciwmeniaeth fodern. Go brin y byddai golygydd *Y Gwladgarwr* yn edrych yn garedig ar honno. Dro a thro cawn ef yn anelu saethau blaenllym at y Fatican a'i hystrywiau, a'i amcan mawr oedd rhoi help llaw i ddymchwel muriau Jerico honno. Gwnaeth gyfraniad grymus !

Oherwydd y cynnydd yn y boblogaeth roedd rhai problemau yn rhemp, a chawn ef yn trafod y rheiny yn ei erthygl olygyddol. Yn rhifyn Medi 3, 1859,

Meddwdod yw'r pennawd.

"Dyma felldith ein gwlad. Gwynfyd gan Dduw na chaem ymwared oddiwrtho. Ple bynnag y mae meddwdod yn ffynnu, halogrwydd, tlodi, angen, llofruddiaeth a melldith ydynt ei gymdeithion naturiol a'i ganlynyddion anhepgor.

Byddai yn hanner nefoedd arnom pe gallem alltudio y dinistrydd uffernol hwn o'n tir."

Yna yn yr un erthygl ceir is-bennawd—

Anwybodaeth

. . . . "Ond yr ydym yn canfod y Cymry hynny sydd wedi colli eu hiaith, heb eithriad yn fwy anwybodys na'r Cymry Cymreig.

. . . Mae eisiau mwy o ysbryd gwladgarol yng Nghymru. Nis gall neb deimlo'n ddedwyddach na ni wrth ddarllen adroddiad cenhadon am ddychweliad ambell i bagan croenddu at grefydd Crist. Ond paham y gofelir mwy amdanynt hwy nag am yr adynod sydd yn ymdrybaeddu mewn llygredigaeth ac anwybodaeth yn ein gwlad ein hunain ?"

Pulpud oedd y golygyddol a phregethai'n broffwydo[1] iach. Ni châi drygau cymdeithasol lonydd, ni châi'r personau a gefnogai y cyfryw lonydd. Ni pharchai neb ond y gwirionedd fel yr ymddangosai iddo ef. Heb os, roedd *Y Gwladgarwr* yn chwa o iechyd Cymreig a droai ar dro yn gorwynt bygythiol. Gellir gofyn, a wnaeth Ieuan Gwyllt y peth iawn wrth gamu o'r gadair olygyddol i'r pulpud ? Gwir ei fod wedi llygadu'r pulpud ers tro. Yno yr oedd ei galon. Ond cyrhaeddai gylch ehangach fel golygydd. Er na ellir honni ei fod yn sgrifennwr llithrig na llenyddol, yn ôl pob tystiolaeth, afrwydd oedd yn y pulpud ac fel darlithydd. Llifai'r inc yn rhwyddach na'i ciriau. Ond nid oedd iddo 'ddinas barhaus' mewn unrhyw gadair. Gwelsom eisoes iddo gael ei dderbyn yn rheolaidd gan y Cwrdd Misol yng Ngorllewin Morgannwg, dyma'r cam cyntaf i sylweddoli ei freuddwyd. Daeth honno'n ffaith pan dderbyniodd alwad o Bantywyll, Merthyr.

Cyn ei ddilyn i'w ofalaeth gynta gwell cyfeirio at un peth arall a wnaeth yn ystod 1859. Ymddangosodd *Telyn y Plant*, misolyn ceiniog o dan olygyddiaeth y Parchedig Thomas Levi a Ieuan Gwyllt. Byr fu ei barhad, fe'i llyncwyd yn Rhagfyr 1861 yn *Nhrysorfa'r Plant* a hwnnw yn gyhoeddiad swyddogol gan y Methodistiaid Calfinaidd. Daliodd Ieuan Gwyllt ei gysylltiad â'r cylchgrawn drwy fod yn gyfrifol am yr adran gerddorol ynddo, adran gyda llaw sydd wedi parhau yn rhan o'r cylchgrawn hwnnw, ond ei fod yn gwisgo enw newydd bellach, ac yn rhyngenwadol, *Antur*.

Ei gyflog fel gweinidog oedd £26 y flwyddyn. Mae'n siŵr iddo fod ar ei golled yn ariannol. Pregethodd y Sul cyntaf ar, "Myfi yw y ffordd, y gwirioedd a'r bywyd". Roedd yn ddisgyblwr llym arno'i hun. Dyma'i raglen feunyddiol,

Codi am 8, brecwast 8.30 ; 9 y ddyletswydd deuluaidd, yna hyd ddeg o'r gloch chwynnu yr ardd, o 10 hyd 1 yn ei fyfyrgell. Neb i dorri ar ei dawelwch. "Rhodd Duw, meddai, oedd drychfeddyliau, ac os parai dyfodiad un ato i un drychfeddwl ehedeg ymaith, nis gallai faddau yn rhwydd i'r drychfeddwl am ddianc nac i'r ymwelydd am ei danfon."

1 o'r gloch cinio, 1.30 hyd 2 byddai Mrs. Roberts ac yntau yn canu Tonau, gan fyned yn drefnus drwy y llyfr. 2 o'r gloch

i'w stydi ; 4.30 i'r dre a cherdded 2 neu 3 milltir. Paratoi at y capel wedi dod yn ôl. Ymweled ar ôl y moddion.

"Nis gallaf oddef gwastraffu amser," a chan y teimlai mai un ffordd i wneud hynny oedd ymweled llawer, rhydd addefai nad oedd efe wedi ei wneud i fugeilio. Gosodai ormod o werth ar ei amser i fod yn fugail ymwelyddol. Nid dyma'r unig dro i fater yr ymweld ei flino. Wedi iddo symud o Ferthyr fe'i ceir mewn llythyr at gyfeillion yn addef iddo ddibrisio y wedd hon ar ei weinidogaeth. Mae'n amlwg na allai oddef mân siaradach. Roedd gormod o bethau ar ei ddwylo a rhaid oedd prynu'r amser.

Os oedd Aberystwyth a Lerpwl yn angharedig wrtho, gwahanol iawn fu Aberdâr a Morgannwg.

" . . . yn 1861 dewiswyd ef gan y cyfarfod Misol i'w ordeinio i gyflawn waith y weinidogaeth. Yr oedd hyn yn groes i'r rheol—neu yn hytrach, yn ei achos ef, yn eithriad uwchlaw y rheol—oblegid y rheol ydoedd, fod i un bregethu am bum' mlynedd cyn cael ei ordeinio, ond nid oedd prin ddwy flynedd er pan gydnabyddasid ef yn rheolaidd. Cymerodd yr ordeiniad le yng Nghymdeithasfa Castell Newydd Emlyn ar Awst 7, 1861. Gweinidog Penllwyn, ei fam eglwys, y Parchg T. Edwards oedd y Cadeirydd, Edward Matthews, Ewenni yn traddodi'r Cyngor a'r Parchg D. C. Davies, M.A., Llundain yn traddodi'r araith ar Natur Eglwys. Cafodd y Parchg Lewis Edwards, M.A., y Bala ran yn y gwasaneth, mab Pwllcenawon, a gŵr o'r un fro a Ieuan Gwyllt. Bu'n disgwyl yn hir am y dydd. Gosodwyd rhwystrau ar ei ffordd. Byddai llawer wedi danto. Nid Ieuan Gwyllt".

Tybed a oedd ei fam yn y gwasanaeth ordeinio yng Nghastell Newydd Emlyn ? Ar y dydd olaf ond un o'r flwyddyn, Rhagfyr 30, 1861, y bu hi farw. Mam a fu'n ddylanwad ar ei theulu â'i gweddïau eneiniedig yn angylion gwarcheidiol ym mywyd Ieuan Gwyllt gydol ei ddyddiau.

Os marw a wnaeth ei fam, cychwyn ar ei daith a wnaeth y *Cerddor Cymreig*. Cyhoeddwyd y rhifyn cyntaf ym Mawrth 1861, a Ieuan Gwyllt a'i cyhoeddai ar ei liwt ei hun yn hollol am y bedair blynedd gyntaf.

Ei brif nodweddion oedd,

(*a*) Llenyddiaeth gerddorol, Almanac y Cerddor, Beirniadaethau Eisteddfodol; Bywgraffyddiaeth; Cerddorion; Caniadaeth; Egwyddorion Cerddoriaeth; Penodau ar gynghanedd; Hanes Eisteddfodau; Cymanfaoedd Canu; Teithiau Cerddorol; Y Byd a'r Wasg Gerddorol; Llawlyfr i Gerddoriaeth; Gohebiaethau a Chyfundrefn y Tonic Solffa.

(*b*) Cyfansoddiadau cerddorol o waith awduron Cymreig a thramor.

Dyma gylchgrawn arbenigol yn y Gymraeg. a phan gofiwn mai Ieuan Gwyllt a gariai'r cyfrifoldeb am ei gynnwys, sylweddolwn iddo gario baich trwm, ond baich a hoffai. Llafur cariad, yn ddiau, oedd hwn. Trwyddo medrai wneud yr hyn a geisiodd ei wneud bob cam, sef, hyfforddi a disgyblu chwaeth gerddorol y Cymry.

Er ei fod yn hoff o'i fyfyrgell ac yn treulio cymaint byth o amser ag y medrai yno, roedd galw mawr amdano o bob cwr o'r wlad. Yn 1861 dechreuodd Undebau Canu Cynulleidfaol godi fel grawn un-nos a châi ei wahodd i ddarlithio ac arwain llawer ohonynt.

Ym Mehefin, 1861, mae'n cyfaddef,

"Hwyrach na chredwch fi, ond y gwirionedd plaen a dilen ydyw, cydrhwng fy nyletswyddau gweinidogaethol yma ac mewn mannau eraill, yr Undeb Canu Cynulleidfaol yma ac mewn dosbarthiadau eraill, y cyfarfodydd a'r mân Eisteddfodau, ynghyd ag ysgrifennu yr oll o'r *Cerddor*—fel yr wyf wedi gorfod, er pan y cychwynnodd—yr wyf yn mwy na hanner lladd fy hun gan waith." Hawdd cydymdeimlo â'i gŵyn. Ond 'ganwaith ddrysodd mewn rhyw rwydau, rhwydau weithiodd ef ei hun'. Roedd crefftwr o Gymro, uniaith

Gymraeg yn anfon ei gyfrif i mewn, ac yn tybied mai yn Saesneg y dylai gyflwyno'r peth, a dyma a gafwyd, "For making work !" A gwneud gwaith iddo'i hun oedd hanes Ieuan Gwyllt. Ond be fedrwch chi ei wneud pan fo cenhadaeth yn haint yn eich gwaed ? A chenhadaeth oedd, yn ddi-os, dyrchafu a pherffeithio mawl yr eglwys.

Yn nechrau 1862 fe'i ceir yn paratoi ei Lyfr Tonau mewn Tonic Sol-ffa, cyfundrefn y bu'n hir cyn ei derbyn, ond o dan arweiniad ei gyfaill, Eleazar Roberts o Lerpwl, agorwyd ei lygaid i'w gwerth. Dyma'r gyfundrefn a ddefnyddiai ef bellach i hyfforddi plant. Yn 1863 mae ar deithiau cerddorol yn Sir Gaerfyrddin a Sir Fôn, a hynny ar wahoddiad y Cwrdd Misol ac y mae'n pasio arholiadau, y camau cyntaf mewn Tonic Solffa, a'i arholwr oedd Eleazar Roberts. Cyn pen fawr o dro fe'i ceir ymhlith yr arholwyr a chyhoedda restr fisol yn y *Cerddor* o'r rhai a fu'n llwyddiannus yn arholiadau y Tonic Solffa, a dywedir iddo arholi mwy na neb arall yn ei ddydd. Gwaith a gyflawnodd ers blynyddoedd oedd beirniadu a châi fwy a mwy o alwadau.

Felly hawdd gweld fod blynyddoedd Merthyr wedi bod yn llawn a phrysur. Roedd ef a'i briod yn hapus yno, eto yr oedd elfen o anesmwythyd oherwydd mwg a baw'r dre. Cafodd gyfle i fynd i Ddowlais, ond ni theimlai fod symud i Ddowlais yn symud o gwbl. Daeth galwad o Lanymddyfri ; bro'r ficer Prichard a'r Pêr Ganiedydd. Apeliai'r cylch ato. Byddai'n nes i'w hen gartre hefyd. Gori am sbel a wnaeth ar y gwahoddiad hwn. Roedd rhywbeth yn ei atal i ateb yn ddiymdroi. Wrth frecwast rhyw fore holai ei wraig a oedd wedi derbyn, a chyf-addefodd nad oedd wedi sgrifennu, ond ei fod yn mynd ati'r bore hwnnw. Gyda'r post daeth llythyr annisgwyl iawn. Galwad, a honno'n alwad o eglwys na fu ar ei chyfyl. Wel, ni allai ateb Llanymddyfri y diwrnod hwnnw. Wedi holi a chwilio tipyn am Gapel Coch, Llanberis, derbyniodd yr alwad i'r Gogledd. Cyn iddo adael y De roedd Cymanfa Gyffredinol y Methodistiaid Calfinaidd a gyfarfu yn Abertawe ym 1864 wedi ei ethol yn aelod o Bwyllgor Llyfr Hymnau y Methodistiaid Calfinaidd, gwaith a gyflawnodd gyda thrylwyredd nodweddiadol ohono. Cafodd ei gydnabod wrth ymadael ac ymhlith y tystebau a dderbyniodd cafodd un gan Gymanfa Gerddorol Ddirwestol Gwent a Morgannwg. Mae'n amlwg fod y briodas rhwng y ddau achos, cerddoriaeth a dirwest yn apelio ato, canys wedi iddo fynd i Lanberis sefydlodd Gymanfa Ddirwest yn Arfon. Medrai gyflawni ei ddwy genhadaeth drwy'r rhain, hybu cerddoriaeth a diwygio cymeriadau a chymdeithas.

Roedd Llanberis fel Merthyr yn lle bywiog a chynhyrfus. Y chwareli oedd asgwrn cefn y lle. Yn wir, roedd cymaint o fynd ar bethau yn y Capel Coch nes gorfodi'r eglwys i feddwl am godi capel arall. Druan o Ieuan Gwyllt, yntau â'i brysurdeb a'i alwadau cyson yn cael codi capel ar ei ddwylo.

"Pregethwyd y bregeth gyntaf yn y capel ar Orffennaf 19, 1867 gan y bugail, Ieuan Gwyllt. Pregethwyd yn yr hwyr gan Ieuan Gwyllt ar Eseia 42, 4." Ymgymerodd Ieuan Gwyllt â bugeiliaeth yr eglwys newydd.

Sylwer ar raglen yr eglwys yng Ngorffwysfa yn y cyfnod hwn yn ei hanes

Sul 7 a.m. Cyfarfod Gweddi
10 a.m. Pregeth
1 p.m. Cyfarfod Holi y Plant
2 p.m. Yr Ysgol Sul
5 p.m. Cyfarfod Canu Cynulleidfaol
6 p.m. Pregeth
Cyfarfod Canu neu eglwysig yn dilyn.
Nos Lun Cyfarfod Gweddi
Nos Fawrth Band of Hope
Nos Fercher Cyfarfod eglwysig
Nos Iau Cyfarfod darllen.

Cofier fod gydag e eglwys arall, yn ogystal.

Yn *Y Cymro* adeg dathlu canmlwyddiant ei eni, sef, 1922 ceir erthygl gan Ceridwen Peris,

"Mae y dathliad wedi deffro ynof atgofion am Ieuan Gwyllt pan ydoedd yn weinidog yn y Capel Coch, Llanberis, 1865-69.

Byddai ganddo ddosbarth Solffa yn cyfarfod yn yr Ysgol ddyddiol unwaith yn yr wythnos. Amrywiai yr aelodau o tua 12 oed i fyny i 40 oed, os nad ychwaneg. Eisteddai y meibion yn y sedd bellaf, yna nifer o ferched ieuainc, ac ar y sedd flaenaf ychydig o blant, a chefais y fraint amrhisiadwy o fod ymysg y rhai olaf. Byddai Blackboard ganddo a'r Modulator, ac yntau yn llawn asbri a hwyl yn dysgu, egluro ac arwain.

Y mae gennyf gôf byw hefyd am y Cyfarfodydd Darllen ar brynhawn Mercher. I'r rhain eto bu rhai genethod mor ffodus a chael derbyniad. Gwragedd canol oed a merched ieuainc oedd y mwyafrif, ond yr oedd mor awyddus i nifer fechan o enethod i fod yn bresennol fel y rhoddid caniatad i ni fod yn absennol o'r ysgol. Bydd yr Epistol at yr Hebreaid bob amser yn f'atgoffa am y cyfarfodydd hyn.

Nid anghofiaf byth y paratoad a gawsom at gael ein derbyn yn gyflawn aelodau. Nid prin fyddai dagrau y cyfarfodydd hynny. Byddai ef mor ddifrifol yn ein cynghori gan ddangos mawredd yr aberth a roddwyd drosom a chariad ein gwaredwr atom.

Pe gofynnid i mi beth ddylanwadodd fwyaf arnaf yn ystod yr adeg y bum o dan ei addysg, yr ateb yn ddibetrus fyddai, ei ddifrifwch."

Adroddir stori amdano yn y cyfnod, fe'i ceir yn y gyfrol ar hanes Gorffwysfa, Llanberis (tud. 153).

"Yn Stryd y Ceunant trigai gŵr arall, na fynychai le o addoliad ond a dreuliai'i nos Sadwrn a'r Sul yn y dafarn. Un noson ar ei ffordd adref, wrth fynd heibio i dŷ'r gweinidog, gwelodd oleuni yn y ffenestr. Ymsythodd a gwaeddodd dros y lle.

"Ieuan Gwyllt, Hy ! Mi wyt ti yn meddwl dy fod yn llanc. Mi heria i di am y gore fel pregethwr, fel cerddor, ac fel paffiwr." Y noson ddilynol cyfarfu'r ddau â'u gilydd.

"Sut ych chi heno ?" gofynnodd y gweinidog.

"Da iawn, Mr. Roberts," meddai yntau.

"Ddowch chi i mewn i'r tŷ am funud, mae gennyf fater i'w drafod." Ac i mewn yr aethant. Yna gofynnodd y gweinidog,

"Wyddoch chi beth ddwetsoch chi neithiwr ?"

"Na wn i wir, Mr. Roberts bach," meddai yntau yn sobr.

"Wel, yr ydych wedi fy herio eich bod yn well pregethwr, yn well cerddor, ac yn well paffiwr na mi. Fe benderfynnwn ni hynny yn awr, ac fe ddechreuwn gyda'r olaf."

"Symudodd y gweinidog y bwrdd o'r neilldu, tynnodd ei got oddi amdano a thorchodd ei lewys. Erbyn hyn yr oedd y gŵr yn erfyn am faddeuant. Wedi hynny ni phregethodd Ieuan Gwyllt yr un Sul yn y Capel Coch heb i'r gŵr hwnnw fod yno !"

Ffordd newydd o gael aelodau, ac un effeithiol, mae'n debyg !

Ond pa waith bynnag a gyflawnai fel gweinidog yn Llanberis, cerddoriaeth y cysegr oedd ei gariad cyntaf. Cofiwn iddo lansio'r *Cerddor Cymreig* yn 1861, llwyddodd i'w gynnal hyd 1873. Gofalai am ei gynnwys, a thalai o'i boced ei hun er mwyn ei gyhoeddi. Costiodd yn ddrud iddo. Wedi dod i Lanberis teimlai y dylid cael cylchgrawn arall, "er mwyn gwŷr y ' Nodiant Newydd ', sef, y Sol-ffa." Felly dyma ddau gylchgrawn ar ei ddwylo llawn.

"Nid oedd hwn i fyny â'r *Cerddor Cymreig* ar lawer cyfrif, ond gwnaeth waith mawr er hynny, drwy greu awydd yn y Solffawyr i feistroli egwyddorion cerddoriaeth, a dysgu darllen yn rhwydd a chywir. Rhoddwyd y *Cerddor Cymreig* i fyny yn 1873, a *Cherddor y Tonic Sol-ffa* yn 1874, a hynny, meddai, o ddiffyg cefnogaeth—yr un hen stori ddiflas o hyd. Er cymaint yw ein sŵn ynglŷn â chanu cystadleuol, ychydig o gerddorion, ysywaeth sydd yn gyfarwydd â llenyddiaeth deilwng. Gymru annwyl—pa hyd ?" (O'r *Cymru* 1822, tud. 44, D. Jones, Dewi Carno, Rhymni.)

Mae'n amlwg fod ' bagad gofalon bugail ' a'r holl weithgarwch cerddorol, megis sefydlu Undebau Cerddorol Dirwestwyr Eryri yn 1866, ac Ardudwy yn 1868, ac efe fyddai'n arwain y rhain ynghyd â beirniadu mynych mewn Eisteddfodau o bob gradd, yn ogystal â'r gwaith o olygu ac ysgrifennu i'r cylchgronau a greodd, yn ormod iddo o un rheswm. Felly doedd dim amdani ond dirwyn ei weinidogaeth i ben yn Llanberis, wedi tymor byr. Ym mis Mawrth, 1869, cafodd bryd-les ar blasty bychan, gerllaw Caernarfon, ac yno yr aeth i ymroddi'n llwyr i gerddoriaeth y cysegr. Rhaid ei fod ar ben ei ddigon i fedru gwneud hyn.

"Rhaid y derbyniai arian lled fawr oddi wrth ei weithiau cerddorol : yr oedd yn rhydd i gael ei amser at yr hyn a fynnai."

Yn y llythyr oddi wrth Absalom Prys a anfonwyd at ei frawd Robert Roberts, y dyfynnwyd ohono'n barod, ceir hyn,

"Yr oeddwn yn meddwl bob amser ei fod yn werth cryn lawer o eiddo, ac ni chefais yr un achos i newid fy meddwl eto chwaith. Ond yr ydych chwi yn gwybod yn well na fi, erbyn hyn, yn ddiau gennyf. Ond credaf fod ganddo ddigon ar ei ol i Mrs. Roberts, ac iddo gofio peth am ei hen chwaer dlawd, canys beth bynnag amdanoch chwi."

Yna mae'n ei gystwyo am ei flerwch,

"Fe allwn i feddwl mai nid gormod oedd inni ddisgwyl oddi wrth ddyn o'i fath ef ei fod wedi trefnu ei dŷ yn fwy prydlon ac i roddi yn well yn ôl fy nhyb i tai bwys yn hyn fel pe tai."

Ceir awgrym, fwy nag unwaith, ei fod yn weddol ofalus o'r ceiniogau. Ond ar y llaw arall mae'n gwario ar ei gylchgronau. Un peth sy'n siŵr, gwnaeth yn dda iawn o'i *Lyfr Tonau* a'r agraffiadau gwahanol ohono. Mae'n rhaid fod yr elw yn sylweddol. At hynny byddai'n beirniadu ac yn arwain yn gyson. Hynny a'i galluogodd i ymddeol yn gynnar, os ymddeol yw'r gair. Cywirach dweud mai hynny a hwylusodd y ffordd iddo adael y fugeiliaeth lawn amser. Yn y Fron, Caernarfon yr oedd i dreulio yr wyth mlynedd nesaf. Ond nid i segura. Doedd yr un asgwrn diog yn ei gorff. Arian byw o ddyn, a cherddoriaeth yn berwi'n ei waed.

Wedi symud i Gaernarfon, toc fe'i gwahoddwyd i olygu'r *Goleuad.* Dyma'r rhod wedi rhoi tro cyfan. Pan oedd yn olygydd yr *Amserau*, mynnodd yr Hen Gorff gyhoeddi nad oedd unrhyw berthynas rhyngddo â'r papur hwnnw, ac yn awr, wele'r golygydd dirmygedig hwnnw yn cael cynnig cadair olygyddol *Y Goleuad.*

Mae'n siwr fod Ieuan Gwyllt wedi mwynahu'r jôc ! Wrth gwrs roedd ei brofiad golygyddol o'i blaid, a'r ffaith ei fod yn byw yng Nghaernarfon, yn ymyl y wasg. Beth bynnag, ni fu'n hir iawn yn y gadair. Blwyddyn gota. Ond y mae troi tudalennau *Y Goleuad* am y cyfnod y bu Ieuan Gwyllt yn golygu yn ddiddorol. Yr un gŵr a fu'n sgrifennu i'r *Amserau* a'r *Gwladgarwr* wedi hynny sydd yma. Yr un elfennau a geir, radicaliaeth rhyddfrydiaeth, heb ofni dadlau achos y blaid ryddfrydol yn gwbl ddiedifar, ac ymneilltuaeth. Roedd *Y Goleuad* yn llawer mwy gwleidyddol yr adeg honno. Mae'r erthygl olygyddol helaeth yn crwydro'r byd ac yn trafod materion cydwladol a rhyngwladol. Rhaid cofio nad oedd fawr o neb yn darllen yr un dim yn Saesneg yr adeg honno. Y papur enwadol oedd un o'r prif gyfryngau i roi gwybod iddynt am y byd mawr a'i helynt. Wedi cyfeirio at ei radicaliaeth iach, eto mae yna gymysgedd ryfedd. Onid ydym i gyd yn fwndel o anghysonderau ? Go brin y gall neb ohonom gyhuddo Ieuan Gwyllt o hynny. Eto, mae'r anghysonderau'n glir. Pledio cyson ar werth a rhagoriaeth y teulu brenhinol a dangos pryder mawr pan fo un ohonynt mewn afiechyd, heb gofio, neu heb weld mai'r teulu hwnnw yw brig y system yr oedd Ieuan Gwyllt radical yn ymladd yn ei herbyn.

Un o ddadleuon mawr y dyddiau hynny oedd helynt yr 'Inglish Côs'. Mae unrhyw un sy'n gwybod rhywbeth am Emrys ap Iwan yn gwybod i hwnnw wrthwynebu sefydlu rheiny nes dwyn barn arno'i hun. Ac fe gewch *Y Goleuad*, yn rhifyn Hydref 28, 1871 yn dweud hyn—

"Y mae yn wir dda gennym weled fod y brodyr yn Rhosllannerchrugog wedi penderfynu adeiladu capel Seisnig. Nid yw yr eglwys luosocaf yn *Sir Fflnt?* yn fodlon i beidio bod ar y blaen mewn cyfarfod ag angen trigolion yr ardal trwy baratoi ar eu cyfer leoedd o addoliad."

Dyna'r radical yn troi'n geidwadol, mae'n siŵr, a'r Cymro cryf a oedd yn Ieuan Gwyllt yn methu â chefnogi gwŷr y weledigaeth Gymreig yn yr enwad.

Ond ar fater Prifysgol Cymru mae'n gwbl iach,

"Y mae'r wawr ar dorri ar fater Prifysgol Cymru. Ar ôl nos o lafur maith a chaled yr ydym yn canfod arwyddion dydd ar yr achos gwladgarol hwn. Yr ydym yn deall fod y pwyllgor wedi penderfynu agor y Brifysgol yn ddiffael *ar y dydd cyntaf o Hydref*, 1872. Bydd hyn yn newydd da i fechgyn ieuainc Cymru a dymunem eu llongyfarch ar eu rhagolygon cysurus." (*Y Goleuad*, 25/11/1871). Mae'n amlwg nad oedd yn credu fod yno le i ferched!

Testun y mae'n hoff o'i drafod yw MORMONIAETH. Ceir aml i gyfeiriad at y grefydd beryglus hon yn ei erthyglau golygyddol. A oedd a fynno'r ffaith iddo dreulio cyfnod gerllaw Merthyr â'r peth?

"Tywyllu y mae ar Brigham Young a'i wragedd, a'i grefydd yn Ninas y Llyn Halen. Mae y 'cenhedloedd' wedi gwneud ymosodiad arno, wedi ei ddal, ac wedi ei rwymo i sefyll ei brawf, ar y cyhuddiad o 'aml-wreigiaeth', neu am 'fyw mewn tywyllwch a godineb' gydag un-ar-bymtheg o fenywod, o ba rai y mae yn galw ychydig yn wragedd iddo." (*Y Goleuad*, 28/11/1871.)

Yn Rhagfyr 1871, ceir y radical yn blodeuo a'r gŵr a gafodd brofiad o weinidogaethu yng nghanol gweithwyr, y ddau yn unllais mewn golygyddol ar

Naw Awr i Weithio (2/12/1871)

"Unpeth yr achwynir o'i blegid ydyw oriau gweithio : peth arall ydyw y gyflog. Dadleuir fod yr oriau yn fwy nag y dylent fod, a bod y gyflog, fel rheol gyffredin, yn llawer llai nag sydd yn gyfiawn a theg. Yr ydym yn credu fod graddau helaeth o wir yn y naill a'r llall, ac a dylid ystyried y mater yn bwyllog a dwyn i mewn y cyfnewidiadau angenrheidiol."

Go brin fod golygydd fel'na yn dderbyniol ymhob adran o'r Hen Gorff. Beth oedd gan y gŵr o Landinam i'w ddweud, tybed ?

Mater gwahanol iawn ond pwysig serch hynny sydd gydag e o dan sylw yn rhifyn 3/2/1872,

Llety i ferched ieuainc Cymru yn Liverpool

"Da gennym ddeall oddi wrth hysbysiad a ymddengys mewn cwr arall o'r papur fod llety cysurus, yr hwn sydd yn fath o ' registry office ' i ferched ieuainc a ddeuant o Gymru i Liverpool, wedi ei agor o dan nawdd y Cyfarfod Misol, yn y dref honno. Mae y symudiad newydd hwn ymysg Cymry tref Liverpool yn gwneud i fynu y diffyg mawr a deimlid ers blynyddau yn y dre. Ymddylifai lliaws o ferched glandeg Cymru i'r dref, heb un olwg am le a moddion bywioliaeth, a chyda llogell wag, siomedigaethau a themtasiynau, fe gollodd aml un ' goron a gogoniant ei hieuenctid '—cymeriad da. Teimlai y cyfeillion yn ddwys oherwydd y cyfrifoldeb mawr oedd yn gorffwys arnynt, buwyd yn hir yn cynllunio ffordd effeithiol i gyfarfod a'r diffyg y cwynid o'i herwydd, a diau y teimlai rhieni tyner a chrefyddol ein gwlad yn ddiolchgar i gyfeillion Liverpool am y gofal a ddangosant am eu plant yn y ddarpariaeth newydd hon. Mae yma fantais ddeublyg, mae yma gartref cysurus a rhad i ferched ieuainc a chyfleustra nad yn aml y ceir ei gyffelyb i bennau teuluoedd i sicrhau morwynion o gymeriad teilwng—rhai ag y gellir ymddiried iddynt na ddygant arnynt eu hunain ac ar en gwlad y gwaharddiad gwrthun—"*No Welsh need apply.*"

Fan'na mae'n trafod mater y gwyddai gryn dipyn amdano oherwydd iddo dreulio cyfnod yn Liverpool, ys dywed e. Roedd hyn yn achos teilwng, eto er ei fod o hyd ac o hyd yn sgrifennu'n gryf yn erbyn caethwasanaeth yn America, a'r ffaith fod Lerpwl yn elwa ar y fasnach honno, nid yw'n anhapus gyda'r drefn o gyflogi merched ieuainc, am arian bach ac oriau hir. Mae'n falch fod yno le sydd yn gymorth i hwyluso'r peth hwnnw.

Cyfeiriais at yr elfen gref o ymneilltuaeth a geir yn ei ysgrifau. O gofio nad oedd ond ryw hanner can mlynedd ers pan fu'r Ordeinio Cyntaf yn Llandeilo a'r Bala, 1811, a bod amharodrwydd mawr ar ran carfan gref o'r Hen Gorff i adael yr 'eglwys wladol', a hynny yn cyhoeddi fod cryn rwymyn rhwng yr Hen Gorff a'r Eglwyswyr. O ddarllen erthyglau Ieuan Gwyllt gallech dybied ein bod o'r un gwaed a gwehelyth â John Penri. Daw'r Pabyddion a'r Eglwyswyr yn gyson o dani am rywbeth neu'i gilydd a does dim sy'n fwy o donic i'w ysbryd na gweld arwyddion fod gorsedd y Pab yn ymddatod a bod ambell esgob yn ffaeledig!

Haeriadau yr Eglwyswyr (*Y Goleuad*, 17/2/1872)

"Edrycher i ddechrau ar natur y ddysgeidiaeth grefyddol a gyfrennir gan yr Ymneilltuwyr. Eu prif lyfr yw y Bibl—y Bibl noeth heb na nodiad nac esboniad. Yr ydym yn credu fod y Bibl yn cynnwys darpariaeth cyfaddas a chyflawn at holl angenrheidiau ysbrydol dyn. Pa gyfundrefn; credo; athrawiaeth neu ddysgeidiaeth bynnag a gynigir, os nad ydym yn cael ei bod yn unol â gwirionedd plaen, yr ydym yn ei chondemnio ac yn ei gwrthod. Ein safon ymhopeth ydyw y Bibl, ac yr ydym yn ymwrthod â'r 'Eglwys Wladol', fel popeth arall a wrthodir gennym mewn cysylltiad â chrefydd am ei bod yn groes i egwyddorion y BIBL. Ymneillduwr oedd y cyntaf i feddwl am sefydlu Cymdeithas y Biblau, ac o syniad yr Ymneillduwr cydwybodol, duwiolfrydig, ymroddedig hwnnw y deilliodd y gymdeithas ag y mae ei harwyddair i roddi, BIBL I BAWB O BOBL Y BYD."

Dyna fe yn dehongli ei BROTESTANIAETH, sef, nid protestio yn erbyn hyn-ac-arall ; ond ei fod yn sefyll yn gadarn ar AIR DUW. Felly mae hynny, yn amlwg, yn golygu ei fod yn gwrthwynebu rhyw bethau a fygythiai yr hyn a ystyriai ef yn gwbl sylfaenol.

Ym mis Mawrth, rhifyn 16/3/1872 ceir erthygl olygyddol gref yn trafod y golled a gafodd yr Eidal ym marwolaeth MAZZINI. Bu'n un o gefnogwyr brwd y gŵr hwnnw, ac yn yr ystyr yma ceir ef yn *Y Goleuad*, fel y gwnaeth yn y papurau eraill a olygodd yn agor ffenestri Cymru ac yn croesawu syniadau newydd. Yn ddiamau roedd Ieuan Gwyllt yn ŵr y gorwelion llydan mewn mwy nag un maes, a dygwyd y cyhuddiad hwnnw yn ei erbyn pan gyhoeddodd ei *Lyfr Tonau*, iddo gynnwys gormod o gerddoriaeth yr Almaen.

Beth oedd y rheswm iddo adael cadair *Y Goleuad* ? Prysurdeb a galwadau cerddorol ? Neu a oedd yn aflwyddiannus fel 'golygydd' ? Mae un peth yn siŵr, tueddai i sgrifennu gormod ei hun ac ai y *Goleuad* yn reit drwm ; canys go brin y gellir ei ystyried yn sgrifennwr rhwydd. Mewn rhifyn yn ystod ei olygyddiaeth cyfeiria at y ffaith i'r 'ymddiriedolwyr' gwrdd am fod *Y Goleuad* mewn trafferthion, ac wedi trafodaeth hir, penderfynwyd parhau i gyhoeddi. A fu ei olygyddiaeth ef o dan sylw yn y cwrdd hwnnw, tybed ? Beth bynnag daeth ei dymor i ben ar Ebrill 30, 1872. Bellach roedd 'â'r maglau wedi eu torri, a'i draed yn gwbl rydd'.

Y peth nesaf o bwys yn ei hanes oedd dyfodiad y ddau, Sankey a Moody i'r wlad yma yn 1874. Bu cryn lwyddiant ar eu hymgyrchoedd efengylaidd yn America. Daethant i Gaeredin. Roedd y ddaear wedi ei braenaru gan Henry Drummond, yn bennaf. Gwnaeth Drummond waith rhagorol ymhlith myfyrwyr. Teithiodd Ieuan Gwyllt i Gaeredin i'w clywed ac aeth yn ddiweddarach i Lerpwl a chael eu cwmni. D. L. Moody oedd y pregethwr yn y bartneriaeth a Sankey yn ganwr. Cyfansoddai Sankey y gair a'r gerddoriaeth, ac mewn cyfarfod yng Nghaeredin fe ddywedodd yr emynydd, Dr. Horatius Bonar, "Well, Mr. Sankey you sang the Gospel Tonight." Beth oedd yn apelio at Ieuan Gwyllt ? Ai'r gerddoriaeth a allai ddal ac ysgubo cynulleidfa ? Un peth sy'n siŵr daeth o dan ddylanwad y ddau a cheir tystiolaeth i hyn newid ei bregethu. Aeth y gŵr a lefarai'n araf a gofalus yn ŵr a thân yn ei fol !

Mae llawer ymgais wedi ei wneud i esbonio apêl Sankey a Moody. Dyma farn y gweinidog a'r cerddor, Erik Routley,

"If we consider one more form of Victorian bad music we shall see this point more clearly. I refer to the music of the nineteenth century. Now Revival in the nineteenth century, especially that which is associated in its later decades with the names of D. L. Moody and I. D. Sankey is the technique ministering to the dispossessed and outcast on the collective principle."

Eto, mae'n egluro,

"The whole movement originated in America, but it was because there was in England large masses of people in just the same condition of dejection and lonelessness that Moody and Sankey had met in America that the movement took such fire in this country. The music is the folk-music of the music-hall, the words have almost the same nostalgia and yearning for heaven which is to be heard in the Negro spirituals ; it is only a step from, ' Swing low, sweet chariot '—to ' Safe in the arms of Jesus.' . . . ' Tipperaries ' this was not an abusive or derisive nick name, it was uttered almost in tones of affection. And it does tell the truth about these hymns, for what ' Tipperary ' did for soldiers, who were involved in nameless and unimagined horrors in the France of 1916, ' Safe in the arms of Jesus ' and,

' There were ninety and nine ', did for the industrialised peasantry of England and America.

. . . The characteristic revivalist hymn tune is therefore jaunty in rhythm and rudimentary in harmony, because that kind of music was ' simple ' for the people to whom the revivalist ministered. ' Simplicity ' for them was what we are used to."

Ar un ystyr mae'n rhyfedd fod gŵr o chwaeth gerddorol fel Ieuan Gwyllt wedi cael ei ysgubo gan ganeuon mor isel eu safon cerddorol. Yntau wedi treulio ei ddyddiau, ' ar goedd ac ar bapur ', i ddiwyllio chwaeth gerddorol ei genedl, yn awr yn syrthio i afaelion jingls diwygiadol. Beth bynnag yw'r rheswm, dyna a ddigwyddodd. "Pa fodd y syrthiodd y cedyrn ?"

Mewn erthygl yn y *Traethodydd* ym 1875, ceisir dadansoddi, MEISTRI MOODY A SANKEY, ac y mae'n amlwg fod yr awdur yn ateb cyhuddiadau cyfoes.

"Nid oes dim yn llais Mr Moody ag sydd yn ffafriol, ond yn unig fod rhyw ynni a gwres mawr i'w deimlo yn ei holl ymadroddion. Y mae ei lais ef yn dianc weithiau o'i gyrraedd, a hynny yn peri ei fod yn myned i siarad yn gyflymach ac i floeddio yn uwch ; nid bloeddiadau hirllaes na thrystfawr, ond bloeddiadau uchel cyflym, sydyn a metalaidd, nes peri i ddyn deimlo weithiau fel pe byddai mewn *foundry*. Ac odid fawr pan y bydd wedi myned felly, na ddealla y pregethwr ei hunan na wna hynny mo'r tro, ac y daw i derfyniad swta, gan droi yn lled ddiseremoni at ei gyfaill, a gorchymyn iddo ganu."

"Nid ychydig o feio sydd wedi bod ar Mri Moody a Sankey oblegid eu diwinyddiaeth. Teimlir gan lawer, nid yn gymaint eu bod yn dysgu diwinyddiaeth afiach, ond yn hytrach, nad ydynt yn dysgu ond ychydig iawn o ddiwinyddiaeth o gwbl."

" . . . Pa fodd bynnag, ym mhregethau Mr Moody y mae diwinyddiaeth yn cael ei wneuthur yn amlwg, trwy ei fod, i raddau mawr, yn cael ei adael allan. Y mae yr hymnau a genir eto, yn fwy amddifad fyth o ddiwinyddiaeth, oddieithr ychydig o'r rhai gorau ohonynt. Y mae yn perthyn iddynt ryw swyn a newydd-deb, a hyd yn oed lledneisrwydd mawr ; ond eto, y maent yn amrwd ac amhenderfynol.

Yn y cyfarfodydd hyn, mae lle amlwg iawn yn cael ei roddi i'r canu, a'r canlyniad ydyw fod gwasanaeth mawr yn cael ei gyflawni drwyddo. Nid yw yn ymddangos fod yr eglwys eto, wedi deall yn briodol y fath offeryn grymus er llwyddiant teyrnas y Gwaredwr ydyw cerddoriaeth."

Onid honna fu pregeth fawr, gyson Ieuan Gwyllt ? A dyna un o'r pethau a'i denodd at y diwygiad Americanaidd hwn. Yr oedd drwy ei gymanfaoedd canu a'i ddarlithiau wedi ceisio 'poblogeiddio' cerddoriaeth gysegredig. Wedi treio cael y werin i ganu ac i ganu yn ddeallus. Llwyddodd Sankey i wneud hynny a daeth canu, pa mor anodd bynnag yr oedd, pa mor anniwinyddol bynnag yr oedd, yn gyfrwng i gario neges i galon cynulleidfa. Heb amheuaeth, y defnydd o gerddoriaeth, y defnydd canolog a wnaed o gerddoriaeth a afaelodd yn nychymyg y cerddor o Gymro.

Ac yntau wedi dod gymaint o dan ddylanwad y diwygiad, y cam nesa oedd sut i'w gario i Gymru ? Doedd ond un ateb i Ieuan Gwyllt, sef, cyfieithu emynau Sankey ac addasu ei donau a'u gosod yn llaw gwerin Cymru. Roedd ganddo fwy o amser nawr, o leiaf roedd wedi ymryddhau o ofalon bugeiliol, a gŵr ymroddedig oedd ef unwaith y gosodai ei law ar yr aradr. Mâs o'r diwygiad yna ac o afael y diwygiad y daeth *Swn y Jiwbili* neu *Ganiadau y Diwygiad.* Un o'r gwyrthiau rhyfeddaf i'w gyhoeddi gan unrhyw wasg yng Nghymru.

Ffigurau gwerthiant *Swn y Jiwbili* fel y'u ceir mewn llyfr cyfrifon gan Hughes a'i Fab, Wrecsam.

Part I 1st edition	5,000	copies	April 1874
35 editions	113,550	,,	Oct. 1874—Oct. 1922
37th edition	3,000	,,	February 1926
	3,000	,,	October 1933
	124,550		

Part 2	1st edition	10,000	October 1874
	30 editions	74,600	January 1875—March 1920
	32nd edition	2,000	September 1923
		86,600	
Part 3	1st edition	10,000	April 1875
	27 editions	66,250	July 1878—March 1920
	29th edition	2,000	March 1927
		78,250	
Part 4	1st edition	2,000	September 1877
	23 editions	44,750	December 1877—July 1920
	25th edition	2,000	September 1923
		48,750	
Part 5	1st edition	2,500	1877
	23 editions	44,750	March 1878—July 1920
	21st edition	2,000	February 1925
		1,000	November 1934
		50,200	
Part 6	1st edition	3,000	April 1878
	22 editions	40,350	May 1879—March 1920
	24th edition	3,000	December 1922
		46,350	

Cystal gwneud sym syml a chasglu'r ffigurau ynghyd :

124,550
86,600
78,250
78,250
48,750
50,200
46,350
434,700

Un casgliad yn unig a ellir ei dynnu, sef, gwerthiant rhyfeddol. Gwir na welodd Ieuan Gwyllt ffrwyth ei lafur, canys wedi ei farw yr ymddangosodd y rhan fwyaf o'r argraffiadau. Mae'n ymddangos mai braidd yn araf y bu yn ennill ei blwy, wedi iddo wneud hynny lledodd fel tân gwyllt. Nid yw'r ffigurau uchod yn sôn am y llyfr cyfan gyda'r gair a'r dôn ynddo. Mae'n weddol siŵr fod mwy na hynna wedi ymddangos. Heb os ,mae enw Ieuan Gwyllt yn gysylltiedig âg un o'r ' best sellers ' a gafwyd yn y Gymraeg. Gwerthodd ei Lyfr Tonau yn wych, ychydig o awduron sy'n llwyddo i gyhoeddi dau lyfr a gyrhaeddodd frig y siartau. A dyna i chi wahaniaeth rhwng dau ! Pwy a feddyliai mai yr un person a oedd yn gyfrifol amdanynt. ' A'r pellter oedd rhyngddynt oedd fawr '.

Diddorol yw dyfalu y rhesymau. Nid oes dystiolaeth fod diwygiad Sankey a Moody wedi ysgubo trwy Gymru. Pe bai hwnnw wedi cydio yma byddai hynny yn help i werthu *Swn y Jiwbili*, ond nid dyna'r stori. Ni ellir anwybyddu y deffro cerddorol, deffro yr oedd Ieuan Gwyllt yn rhannol gyfrifol amdano. Roedd yr Ysgol Sul yn anterth ei nerth a'r gyfundrefn Tonic Sol-ffa wedi dod, i fesur, yn rhan o waith yr Ysgol Sul a'r Band of Hope, ac yr oeddynt yn crefu am y math yma o ganeuon poblogaidd, hawdd-eu-dysgu. Heb os, roedd daear aeddfed yng

Nghymru a Ieuan Gwyllt â'i drwyn yn ddigon effro i ffroenu'r angen ac yn mynd ati i'w ddiwallu. Annheg, efallai, yw codi ysgyfarnog a godwyd gan amryw, ai y gŵr busnes ynteu'r cerddor a welodd ei gyfle yn Ieuan Gwyllt ? A rhaid mai'r ateb yw, y ddau, a diolch fod y ddau wedi cwrdd yn yr un person. Does dim dwywaith na thalodd y fenter yn dda i Ieuan Gwyllt ac yn well i Hughes a'i Fab. Byddai unrhyw awdur a chyhoeddwr yn falch o daro ar wythïen aur fel'na heddiw ! Ond dyna fe, mae gwahaniaeth o ganrif rhwng Cymru Ieuan Gwyllt a'n Cymru ni.

Rhaid gofyn y cwestiwn, pa fath o gyfieithiadau a gafwyd ganddo ? Detholiad a gafwyd oherwydd y mae'r llyfr gwreiddiol o emynau Sankey yn cynnwys dros saith gant, tra y cyfyngodd Ieuan Gwyllt ei hun i ychydig gyda'r cant. Nid yw'n glynu'n agos at y gwreiddiol, i raddau, rhydd gyfieithiadau ydynt, a chyfieithiadau sy'n ddigon ystwyth i ffitio'r dôn. Yn sicr, y dôn sy'n penderfynu natur y cyfieithu, i fesur helaeth. Eto, nid yw'n gwneud cam â'r gwreiddiol, mae'n ofalus i gadw neges y gwreiddiol. Y peth gorau yw dyfynnu ychydig o rai cyfarwydd :

Rwy'n caru dweud yr hanes	Tell me the Old, old story
Am fawrion bethau'r nef ;	Of unseen things above,
Am Iesu a'i ogoniant	Of Jesus and his glory,
A'i ryfedd gariad ef.	Of Jesus and his love.
Rwy'n caru dweud yr hanes	Tell me the story simply
Hen hanes cariad drud	As to a little child
Mae'n llanw'n dymuniadau	For I am weak and weary
Mae'n hollol ddwyn fy mryd	And helpless and defiled.
Cytgan—	*Chorus—*
Rwy'n caru dweud yr hanes,	Tell me the old, old story,

Un dydd yn fwy i'r Iesu	One more day's work for Jesus,
Ac un yn llai i fyw ;	One less of earth for me !
Mae'r ne'n agosach,	But heaven is nearer,

Mae'r Iesu'n hoffach,
I mi mwy annwyl yw,
O'i ras a'i ddawn
Mae'n henaid heno'n llawn.
Cytgan—
Un dydd yn fwy i'r Iesu,

And Christ is dearer,
Than yesterday to me.
His love and light
Fill all my soul tonight.
Chorus—
One more day's work for Jesus,

Nac ildia i demtasiwn
Mae ildio'n fai ;
Pob concwest a'th nertha
I ddyfal barhau,
Dos, ymladd yn erbyn
Pob gelyn ynghyd ;
Trwy edrych ar Iesu
Ceir concwest o hyd
Cytgan—
Gofyn gymorth yr Iesu
Cais ei ras i dy nerthu
Trwy yr Hwn sy'n dy garu
Cei y goncwest o hyd

Yield not to temptation,
For yielding is sin
Each vict'ry will help you
Some other to win ;
Fight manfully onward, passions subdue
Look even to Jesus,
He'll carry you through.
Chorus—
Ask the Saviour to help you
Comfort, strengthen and keep you ;
He is wishing to aid you
He'll carry you through.

Teg yw dyfynnu y 'Nodiad' a luniodd Ieuan Gwyllt fel cyflwyniad i *Swn y Jiwbili* :

"Nid oes neb a deimla yn fwy na mi oddi wrth y diffygion lawer a ganfyddir yn y tudalennau canlynol, ac etto, y mae gennyf le i gredu fod Duw yn rhoddi ei fendith ar fy llafur hwn, er mor amherffaith ydyw. Mae yn dda genyf weled arwyddion fod lle a natur y Caniadau hyn yn cael eu deall yn well nag yr oeddynt. Yn lle bod y plant—a neb ond y plant—yn eu rantio gyda chyflymder afresymol, heb ddim geiriau ond sillau y Sol-ffa, y mae lliaws y cynnulleidfaoedd bellach, mewn llawer o leoedd, yn eu dysgu, ac yn eu canu gydag ystyriaeth a theimlad.

Pla ag sydd wedi bod yn gwneud niwed mawr i ganiadaeth grefyddol yn ein gwlad y blynyddoedd diwethaf hyn ydyw, dysgu TÔN, ac wedi ei chanu ar un pennill neu ddau, ei gadael a myned i ddysgu TÔN arall, fel pe mai y gwaith mawr a phwysig ydoedd *dysgu Tônau*. Y gwaith mawr, mewn gwirionedd, ydyw *Canu* ; ac nid ydyw dysgu *Tônau*, dysgu y Sol-ffa etc, ond moddion i'n cael i ganu. Byddai'n dda iawn cael mwy o ganu, ac o ganu crefyddol, yn ein gwlad ; a hyderaf y bydd cyhoeddiad y gyfrol fechan hon, dan fendith Duw, yn rhyw ychydig o gymorth i ddwyn hyny oddi amgylch.

Nid anniddorol, feallai, gan lawer, fyddai darllen rhan o'r llythyr, ym mha un y rhoddodd Mr. Sankey ei ganiatad i mi i argraffu ei Hymnau a'i Donau. Dyma fel y dywed—

October 9th, 1874

Dear Brother Roberts,

I have so many asking permission to publish my Hymns etc that I hardly know what I should do. I have as yet given no permission. But seeing that my wife is the daughter of a Welshman, who lived at Swansea many years ago, I cannot refuse you permission to translate into the Welsh language any of my Hymns which you may desire . . . Please send me a copy of your book when out . . . May God bless the singing of his Truth by the sweet singers of Wales.

Yours, in the best of bonds,

D. Sankey.

Nid oes gennyf finnau ond eilio ei ddymuniad—"Bendithied Duw ganiad ei eiriau gan leisiau melusion Cymru."

Fron. Rhagyr 15fed 1876. John Roberts.

Erys y cwestiwn dyrys, pam y bodlonwyd cerddor chwaethus gan gerddoriaeth isradd ? Ni ellir amau nad yw'r dyfyniad isod i fesur helaeth yn ateb,

"The songs were written with a limited purpose ; what Sankey called, ' preaching and teaching in song '. "I wish people would get the distinction," he once said, "that one class of hymns are to teach, and the other, such as ' Praise God from whom all blessings flow ', and ' Jesu, Lover of my soul ', are hymns in which the whole congregation can praise God." In the teaching hymns, a development of the Sunday school music emerging during the sixties in America words are vital. Sankey 'sings the words and brings out their full meaning and expression The music is made subservient and in time and accent is constantly varied so as *to fit the words.* He was as genuine a preacher as Moody and singing was his natural medium—'I sang to implant simple truths and evoke response."

Mae'n rhaid mai fan'na yn rhywle y câi Ieuan Gwyllt ei hun.

Fel y digwyddodd, hon oedd ei gymwynas olaf i Gymru. Ddiwedd Ebrill 1877 arweiniai Gymanfa Ganu yn Aberdâr ; un arall yn y Cwm, Llansamlet ddechrau Mai a chyrhaeddodd yn ôl i'r Fron ar y 3ydd o Fai. Nid oedd ganddo gyhoeddiad y Sul canlynol, o ddewis, ond pwyswyd arno i bregethu, a'i destun oedd, "Y gelyn diwethaf a ddinistrir yw yr angau". Aeth i'r capel nos Lun a siarad gyda rhyw ddifrifwch anghyffredin. Trannoeth fe'i tarawyd yn wael, gwaethygu a wnaeth, a phan ddaeth y meddyg i'w weld tua diwedd yr wythnos roedd wrthi'n brysur yn arwain côr anweledig.

"Doctor, doctor, what do you think of my choice, doctor ? Don't you think it is a splendid choir. See, see, listen, how beautifully they sing, mark the harmony. Oh ! Doctor, wont *you* join my choir ? Do, Doctor, it is a magnificent one !" Rhoddodd ei fywyd i gerddoriaeth y cysegr a pheth priodol oedd iddo gael ei dderbyn i ' gapel mawr Iesu Grist ', ys dywed Daniel Owen, gan ganu croesawus. Ar Fai 14eg, 1877, ac yntau ond 54 oed, collwyd Ieuan Gwyllt, mab y gogrwr o Gapel Seion a dreuliodd ei oes i ridyllu Cymru yn gerddorol, yn grefyddol, yn foesol, yn wleidyddol ac yn addysgol o bob sorod a allai ac a oedd yn difa ei bywyd.

Claddwyd ef ym mynwent Caeathro y Sadwrn dilynol, Mai 19eg.

Dyma'r adroddiad—

'Darllenwyd a gweddiwyd, a dywedwyd ychydig eiriau cyn cychwyn gan y Parchg D. Rowlands, M.A., Bangor. Yna ffurfiwyd yr orymdaith. Yn gyntaf cerbyd y meddyg, Dr. M. Davies, Caernarfon; wedi hynny y pregethwyr bob yn dri, yna y diaconiaid bob yn dri, ac ar ôl hynny y cantorion bob yn bedwar; yna yr elorgerbyd, y galargerbyd, yn cynnwys Mrs. Roberts, y Parchg R. Roberts, Llundain, a Mrs. Pugh, eu chwaer, a cherbydau eraill, o ba rai yr oedd lliaws mawr. Araf deithiodd yr orymdaith o'r Fron drwy Gaernarfon hyd Gaeathro, a'r cantorion yn canu emynau oedd wedi eu hargraffu at yr achlysur. Y tonau a'r emynau a ganwyd oeddynt GWLADYS, emyn 894; MOAB, emyn 851; LIVERPOOL, emyn 852, a LAUSANNE ar yr emyn 731. Wedi cyrraedd Caeathro nid oedd o un diben meddwl myned i'r Capel, gan na chynhywsai chwarter y dyrfa fawr oedd yn bresennol; felly, wedi rhoddi y corff yn y bedd, cymerwyd yr arweiniad gan y Parchg D. Morris, Bwlan. Darllenwyd a gweddiwyd gan y Parch. R. Ellis, Ysgoldy, yna anerchwyd y dyrfa gan y Parchgn D. Saunders, Abertawe, D. Davies, Abermawr, Rees Jones, Felinheli, G. Jones, Tre'r garth, J. Lewis, Caerfyrddin, a James Donne, Llangefni, yr hwn hefyd a ddiweddodd trwy weddi. Nis gwelsom fwy o ddwyster a theimlad mewn un gladdedigaeth erioed, ac yr oedd lluosogrwydd y dyrfa yn dangos mai nid un cyffredin oedd yn cael ei roi yn y bedd. Yr oedd y diwrnod yn anfanteisiol iawn; er hynny yr oedd o leiaf driugain i ddeg a thri ugain o weinidogion yn bresennol, a thyrfa fawr o ddiaconiaid a cherddorion—rhai ohonynt wedi dyfod o bell ffordd, megis y Dr. J. Parry (Pencerdd America), Aberystwyth; W. Julian, Aberystwyth; J. Spenser Curwen, Llundain; D. Jenkins, Mus. Bac., Aberystwyth; J. Thomas, Blaenannerch; J. H. Roberts (Pencerdd Gwynedd), Caernarfon; ac O. Griffith (Eryr Eryri), Waenfawr. Cafodd gladdedigaeth tywysog, ac yr oedd yn dywysog mewn gwirionedd. Pregethodd y Parchg J. Lewis, Caerfyrddin, bregeth angladdol iddo yng nghapel Engedi, Caernarfon, y dydd canlynol, sef y Saboth am 2 o'r gloch, ac yng nghapel Penygraig am 6 o'r gloch yn yr hwyr." (*Ieuan Gwyllt*, T.E.J., tud. 71-72).

Cyfansoddodd y Dr. Joseph Parry, Requiem ar eiriau o waith Mynyddog, er cof amdano. Gwnaeth Alaw Ddu, W. T. Rees yr un gymwynas, a chafwyd un arall gan Pencerdd Gwynedd, Mr. J. H. Roberts. Ffurfiwyd pwyllgor i godi cronfa er mwyn sefydlu ysgoloriaeth yn ei enw. Ni ddaeth dim o honno, am ryw reswm. Ym 1879, penderfynodd ei weddw roi cofgolofn ar ei fedd. Wedi i'w ffrindiau glywed am y bwriad ceisiwyd am ganiatâd i gynnal cyfarfod cyhoeddus i ddadorchuddio'r gofeb. Ac ar Fehefin 6ed, 1879 yng Nghaeathro y bu'r seremoni.

"Yr oedd y cyfarfod yn lluosog, yr anerchiadau yn rhagorol, ond y canu yn gymedrol. Y mae y golofn wedi ei gwneud o wenithfaen coch Aberdeen, ac yn un droedfedd-ar-bymtheg o uchder, ac yn ymddangos yn golofn ardderchog fydd am oesoedd yn addurn i fedd Ieuan Gwyllt. Ar yr ochr nesaf at y llwybr y mae y canlynol wedi ei gerfio a'i oreuro

Er Cof Am
Y Parch. JOHN ROBERTS
(Ieuan Gwyllt)
Yr hwn a Fu Farw, Mai 14, 1877
yn 54 mlwydd oed.

"Y gelyn diweddaf a ddinystrir yw yr angau"—1 Cor. xv, 25.
"A chanu y maent gân Moses a chân yr Oen"—Dat. xv, 5.

"This monument was erected by his affectionate widow."

Pennod 4

WEDI'R GOGRU . . .

MEWN erthygl yn *Cymru* adeg dathlu canmlwyddiant geni Ieuan Gwyllt, sef, 1922, mae'r cerddor a'r arweinydd cymanfaoedd, J. T. Rees yn pwyso a mesur cyfraniad y gŵr o Ogledd Aberteifi :

"Fel cymwynaswr *cenedl* y rhaid edrych ar Ieuan Gwyllt, ac nid fel un a fai ffyddlon i'w deulu neu ei gylch bach enwadol ei hun. Nid Methodist, ond Cymro, oedd ef, ac ardderchog foliant y Goruchaf oedd ei ddelfryd . . .

Diwygiwr y gerdd yn ei pherthynas â'r *deml* oedd efe. Nid fel cerddor yr oedd yn fawr. Er ei fod yn gerddor o radd dda, yr oedd eraill o'i gydoeswyr yn llawer mwy felly. Diwygio yr eglwys o'i chamarwedd at ganiadaeth oedd ei waith mawr. Er mor fawr oedd llafur Ieuan Gwyllt fel casglydd a detholydd, nid dyna ei brif orchwyl na'i ogoniant pennaf. Nid dyma'r maen coffa a erys iddo drwy, a thros, yr oesau, i ddatgan ei glodydd, ond yn hytrach ei lafur diball mewn amser, ac allan o amser, i ddeffro ystyriaeth yr eglwys i bwysigrwydd y mawl, ac i'w hennill i roddi i ganu mawl ei le priodol yng nghynysgaeth yr eglwys i'r saint ; ei gyfaddaster fel moddion, neu y cyfrwng godidocaf, drwy ba un y gall yr holl enaid fynd allan ohono'i hun mewn moliant bythol o'r Goruchaf Dduw."

Yna â rhagddo i drafod cyfraniad Ieuan Gwyllt i'r Gymanfa Ganu, ac ym mha ystyr y gellir ei alw yn 'dad' y sefydliad hwnnw. "Efe a drefnodd y rhengau a'r adnoddau priodol i'r gad. Oblegid hyn yr ystyriwn mai Ieuan Gwyllt oedd gwir sylfaenydd y Gymanfa Ganu. Efe, yn ddiau, gariodd y frwydr yn fuddugoliaethus i faes y gelyn. Ni laesodd yn yr ymdrech nes ennill y dydd. Enillodd y ddinas deg, a sicrhaodd ei faner ar ben ucha'r twr, ac yno y gwelir hi heddiw yn cyhwfan yn yr awelon, ac yn argraffedig arni mewn llythrennau cochion o waed, "Yr Iesu bia'r gân".

"Fel cerddor bydd ei hanes wedi diflannu ym mŵg y gorffennol, ond fel diwygiwr y mawl, erys. Y diwygiwr yw arwr mawr pob oes."

"Yr oedd Ieuan Gwyllt yn athro di-ail, yn reddfol. Gwelir hyn yn ei holl waith, ac nid yn unig ynglyn a'r Cymanfaoedd Canu. Gymaint oedd ei wasanaeth i Gymru drwy gyfrwng y *Cerddor Cymreig*. Ei feddylrych ef oedd hwn. Yma eisteddai yn ei gadair olygyddol fel athro. Rhoddai bob cynhorthwy i bawb a geisiai. Rhoddai hanesion cerddorol y wlad a'r byd, yn y *Cerddor Cymreig*, ac yr oedd ei erthyglau beirniadol yn llawn o addysg i'r darllenwyr. Drwy hyn dygodd y weledigaeth i'r Cymro uniaith. Yr oedd ei feirniadaethau Eisteddfodol yn feistrolgar ac addysgiadol. Dysgodd *lawer o feibion cerddgar Cymru i gerdded*. Llawen fu oes gyfan ohonynt i eistedd yn gerddorol wrth ei draed a than ei gysgod. Ymysg ei ddisgyblion yr oedd D. Lewis, Llanrhystyd ; John Thomas, Blaenannerch (Llanwrtyd wedyn) ; Alan Ddu, Gwilym Gwent ac Emlyn Evans.

Yr oedd ganddo ddelfrydau uchel, parthed canu mawl. A ydynt wedi eu sylweddoli, tybed ? Y neb a fyn ddeall hyn, darllened ei raglith feistrolgar i'w Lyfr Tonau a choeliaf y dealla yn fuan ac yn eglur ein bod yn bell iawn o gyrraedd ei safon uchel."

Yna mae'n trafod Ieuan Gwyllt fel ' arweinydd '.

"Nid oedd yn fawr. Nid oedd wedi cael unrhyw ymarferiad, fel y cyfryw. Y Gymanfa roddodd iddo ef y cyfleustra i arwain. Fel y bu ef yn foddion i wneud y Gymanfa, bu y Gymanfa yn foddion i'w wneud yntau yn arweinydd cymwys iddi hi."

"Rhywbeth sydd wedi tyfu yng nghol yr eglwys yw y Gymanfa. Plentyn yr eglwys yw, a maethu'r galon yw ei swydd uchaf. Does dim yn y byd ag yr arllwys yr enaid mawr ei hun iddo mor llwyr, ag a wna canu tôn a emyn. Beth yw anhepgorion arweinydd y Gymanfa yn awr ? 'Clever at the baton', meddai hogyn rhywdro. Druan bach. "Must be a good trainer of the voice," meddai un arall. Dyma'r math ar bobl sydd eisiau diddymu'r Gymanfa am nad yw yn byw i fyny â'r amseroedd. Y mae'r ateb i'r gofyniad yn neffiniad Dyfed o fardd emyn, "Un a'i hanner yn y nefoedd." Pethau y byd ysbrydol sydd yn amlwg iddo. Y bara o'r nef yw ei gynhysgaeth i'r saint. Edrychwn ar Ieuan Gwyllt o'r safle hon, a gwelwn ei fod wedi cymhwyso ei hun yn rhagorol er yn fore ar gyfer ei waith ardderchog. Ei glywed am dro yn arwain y saint at y dwyfol yn yr emynau oedd ddigon i benderfynu ei radd yn y gwaith goruchel hwn."

Rhoddais le i farn J. T. Rees am ei fod yn ŵr a ymgydnabyddodd â chaniadaeth y cysegr ac a arweiniodd Gymanfaoedd Canu gydol ei oes. Roedd yn etifedd i Ieuan Gwyllt. Gwelwn ei fod yn ystyried Ieuan Gwyllt fel 'diwygiwr'.

Dylid nodi iddo ychwanegu at gyfoeth tonau Cymru drwy ei gyfansoddiadau. Go brin y gellir meddwl am lyfr emynau a thonau heb ei donau, MOAB, LIVERPOOL, ARDUDWY, RHEIDOL, PADARN, ac eraill, er mai ychydig a gyfansoddodd. Yn ei draethawd ceir John Owen yn rhoi rhestr o donau Ieuan Gwyllt a nodir y flwyddyn y'i cyfansoddwyd.

"O 1851, hyd 1858, sef, o enedigaeth *Blodau Cerdd* hyd fynediad Ieuan Gwyllt i Aberdâr ceir 12 o donau.

I	(1)	Ardudwy	1851	(7)	Salem	1856
	(2)	Aberystwyth	1853	(8)	Liverpool	1856
	(3)	Ymostyngiad	1853	(9)	Bombay	1857
	(4)	Everton	1853	(10)	Aberafon	1857
	(5)	Mount Street	1855	(11)	Aberhonddu	1858
	(6)	Rheidol	1855	(12)	Bethel	1858

II. O 1859 hyd 1869, sef, o gyhoeddiad y Llyfr Tonau hyd ei symudiad i'r Fron.

(1) Syria 1863
(2) Padarn 1868
(3) Tydfil 1867
(4) Penllwyn 1868
(5) Eden 1868
(6) Esther 1868
(7) Dolwar 1868
(8) Salm-don, rhif 11 1868
(9) a (10) Salm-donau rhif 6 a 9 1868
(11) Moab (dywedir i hon ennill mewn Steddfod yng Nghapel Seion) 1869 ?

Felly nid ydyw y cwbl gynhyrchodd ond tuag 20 o Donau, a 3 o Salm-donau sengl, ac un ddwbl, gyda dwy o donau a gyfansoddodd yn rhanol" (Traethawd ar Fywyd ac Athrylith y Parchg John Roberts, tud. 88-89).

Trefnu a chynganeddu oedd ei brif gyfraniad. Dechreuodd ar hynny yn gynnar a gwelai angen am gyflenwad o donau chwaethus, a'r unig ffordd i sicrhau hynny oedd lloffa mewn meysydd ffrwythlon, cerddorol.

Un peth y mae pawb yn gytûn arno yw 'ei chwaeth ddyrchafol ynglyn â phopeth'. "Arloeswr y tir ydoedd," a dyma ni yn tanlinellu yr hyn a ddywedodd J. T. Rees, ei fod yn *ddiwygiwr*, "a braenarodd ddaear Cymru drwyddi, drwy ei sylwadau miniog mewn Cymanfaoedd Canu, ei ysgrifau galluog yn y *Cerddor*, ynghyda'i ddarlith i godi chwaeth cerddorion Cymru gynt." (*Cymru*, 1922. D. Jones (Dewi Carno).

Gwnaeth un cyfraniad unigryw. Drwy'r cyfraniad hwnnw y llwyddodd i ddiwyllio chwaeth gerddorol ei genedl, sef drwy ei waith fel *llenor cerddorol*. Dyma faes newdd iawn yng Nghymru. Gwelodd Ieuan Gwyllt ei gyfle, manteisiodd arno yn llawn. O ddyddiau cynnar yr arbrawf cyntaf, *Blodau Cerdd,* yna *Telyn y Plant* gyda Thomas Levi, ac yn 1861 daeth y cylchgrawn pwysicaf, *Cerddor Cymreig*.

"Y blynyddoedd mwyaf disglair yn hanes y *Cerddor Cymreig* ydoedd y tair blynedd cyntaf. Bernir fod y rhifynnau hyn gystal a chyhoeddiadau cerddorol Lloegr ar y pryd, os nad gwell. Gwariodd lawer o arian i'w berffeithio." (*Cymru* 1922—Dewi Carno).

Cafodd y *Cerddor Cymreig* gwmni pan ddaeth *Cerddor y Tonic-Sol-ffa*. Roedd hwn heb fod cystal â'r llall, eto y rhyfeddod yw bod dau gylchgrawn o safon yn dod o ysgrifbin un person. Baich enfawr, bid siŵr, ac y mae'r ffaith i'r *Cerddor Cymreig* fyw am ddeuddeng mlynedd ac i'r *Cerddor Tonic Sol-ffa* gylchredeg am bum mlynedd yn dystiolaeth i ymroddiad cydwybodol. Diffyg cefnogaeth oedd yn gyfrifol am dranc y ddau, nid unrhyw ddiffygio ar ran y golygydd.

Yn ogystal a'r cylchgronau cerddorol yna fe'i ceir yn cyfrannu erthyglau i'r *Traethodydd*, yn arbennig ei ysgrif ar MENDELSSOHN, a rhan werthfawr o'r cynnyrch llenyddol yw ei raglith i'w *Lyfr Tonau* a gyhoeddwyd yn Ebrill 1859. Teilynga hwn ei ail-gyhoeddi oherwydd, y mae ei gynnwys mor berthnasol heddiw ag ydoedd dros ganrif yn ôl, yn wir, efallai yn fwy perthnasol. Ni chafwyd dadansoddiad gwell o le a swydd 'caniadaeth y cysegr' yn yr addoliad cyhoeddus yn y Gymraeg. Mae'n anodd rhagori arno.

O gofio mai llafur cariad oedd y cyfan, mae'n gyfraniad anhygoel o ran swm a sylwedd. Yr oedd ganddo swydd lawn-amser ar hyd y daith. Felly gweithgarwch oriau hamdden oedd ei wasanaeth i gerddoriaeth. A phwy a all sylweddoli yr oriau a dreuliodd yn casglu miloedd o donau ar gyfer ei lyfr tonau? Ni ellir, yn wir, nid oes eiriau na chwaith ansoddeiriau cymwys ar gael i fynegi yn llawn y llafur a'r oriau a roddodd Ieuan Gwyllt i 'ganiadaeth y cysegr' yng Nghymru. Go brin fod neb wedi gwneud cymaint. Mae ei gysgod ar bob 'canu mawl' hyd y dydd hwn. Un o'r rhesymau am hynny yw iddo weithredu fel ysgrifennydd i'r pwyllgor a godwyd yn y Gymanfa Gyffredinol yn Abertawe, 1864, i gasglu 'Llyfr Hymnau a Thonau' i'r Hen Gorff. Bu'r gwaith hwn ar y gweill am flynyddoedd a mawr fu gofal Ieuan Gwyllt. Dywedir iddo ysgrifennu y llawysgrif a gyflwynwyd i'r argraffwyr, bob gair a nodyn ohoni, â'i law ei hun ; ac yn 1869 daeth o'r Wasg,

Llyfr Hymnau y Methodistiaid Calfinaidd. Cyhoeddedig trwy awdurdod Cymanfa Gyffredinol y cyfundeb, Dinbych , Argraffwyd a chyhoeddwyd gan Thomas Gee, 1869. Efe a ysgrifennodd y rhagymadrodd, mynegai i'r adnodau ; mynegai i fater pob emyn. Gofalodd fod tôn neu ddwy yn cael ei hawgrymu i bob emyn, er mwyn helpu ' arweinyddion y gân '. Mae ei fanylder ynglŷn â'r gwaith o olygu yn rhyfeddol. Heb os, gŵr manwl ; gŵr cydwybodol ; gŵr a osodai safon uchel iddo'i hun ymhob dim ydoedd. O gofio ei fanylrwydd, sut y gallodd dynnu cymaint o waith mân, poenus o lafurus, trwy ei ddwylo diwyd ? A chan ei fod yn gosod safon mor uchel iddo'i hun, disgwyliai yr un safon gan eraill, ac am na châi honno mor aml ag y carai, gallai fod yn flin a diamynedd, ac ar dro byddai ei eiriau yn torri i'r byw, ac fe'i cyfrifid gan rai yn ŵr deddfol, llym.

Rhoddwyd y sylw hyd yma i'w waith gyda ' chaniadaeth y cysegr ', ac wrth gwrs, dyna ei brif a'i bennaf gyfraniad. Ond dechreuodd farddoni yn gynnar iawn, fel y sylwyd yn y bennod gyntaf. Crefyddol oedd naws y cwbl a welsom o'i waith, a'r rheswm am hynny yw ei fod yn darparu ar gyfer yr Ysgol Sul a'r Ysgolion Canu. Dyma enghraifft o'r canu yna pan oedd yn ddeunaw oed.

Idd yr Ysgol Sabbothol

Gwna'n fywiog a selog mewn gras ;
I bob man mae dynion yn byw,
Ei gwiwlan leferydd êl mas
Fel delo Cenhedloedd y Byd,
Yn unfryd i 'mofyn am le,
I'w cuddio'n dragwyddol achlyd
Rhag llidiog ddigofaint y Ne '.

Honna i'w chanu, yn ôl ei gyfarwyddyd ef ar y dôn *Mynediad* o waith Thomas Jenkins.

Ac yntau wedi ymddiddori mewn cyfansoddi darnau fel yna, byddem yn disgwyl iddo gynhyrchu rhai emynau. Yn Llyfr Emynau y Methodistiaid Calfinaidd a Wesleaidd, ceir dau emyn o'i waith, rhif 144 :

"Wele Fi yn dyfod,"—
  Llefai'r Meichiau gwiw,
Atsain creigiau Salem,
  Dyfod y mae Duw ;
Gedy anfeidrol fawredd
  Nef y nef yn awr ;
Ar awelon cariad
  Brysia i barthau'r llawr.

O bosibl y dylai'r emyn tri phennill yna fod yn adran y ' Carolau ', sy'n adran dila iawn. Ond y mae'n garol syml, cwbl Feiblaidd yn ei chyfeiriadaeth a'i chynnwys. Gŵr a fagwyd ar ei Feibl a'r Ysgol Sul a fedrai ganu fel'na. Yna'r emyn 696,

Ar ôl gofidiau dyrys daith,
  A gorthrymderau filoedd,
Hyfrydol falm o nefol ryw
I'r wan flinedig fynwes yw—
  Cawn orffwys yn y nefoedd.

un a leolwyd yn briodol yn yr adran, ' Angau a Thragwyddoldeb '. Yr un nodweddion yma, eto, tynnu'n drwm o'r Beibl. Mae diwinyddiaeth yr emyn yn dod o Lyfr y Datguddiad, ac wrth gwrs, mae marc ei gyfnod yn drymach ar hwn nag ar yr emyn arall y cyfeiriwyd ato. Mae'n llawn o arallfydolrwydd y ganrif ddiwethaf, yr hiraethu am weld "y teg ardaloedd", doedd dim gormod ohonynt yng Nghymru y bedwaredd ganrif-ar-bymtheg.

Yn yr erthygl yn *Y Traethodydd*, 1875, ar ' Meistri Moody a Sankey ', y cyfeiriwyd ati'n barod, mae'r awdur yn trafod y pwyslais ar arallfydolrwydd a gafwyd yn eu diwygiad.

"Y mae tybied fod tuedd mewn crefydd hefyd i ddysgu pobl i redeg y byd hwn i lawr ymhob ystyr, ac yn ei holl gysylltiadau, yn rhwym o fod yn gamgymeriad amlwg. Y mae crefydd wir yn effeithio yn hollol i'r gwrthwyneb. Y mae y byd hwn, ar y cyfan, yn fyd lled dda, a'i gymeryd at ei gilydd. Y mae ar bob cyfrif y byd gorau i ni, hyd nes y deuwn yn gymhwys i fyd gwell. Hefyd nid yw ei breswylwyr mor ddrwg ag y myn ambell un genym gredu eu bod ; heblaw eu bod yn gwella, ac yn diwygio rhyw gymaint bob blwyddyn . . . Peth mawr ydyw fod crefydd dyn yn cynhyrchu sirioldeb gobeithiol yn ei ysbryd, ac yn ei alluogi i fyned "ar hyd ei ffordd ei hun yn llawen", yn hytrach na'i fod yn treulio ei amser i bensynnu, ac i ymofidio. Ac y mae yn ymddangos braidd yn rhyfedd, mai dyna effeithiau uniongyrchol y sicrwydd y rhoddai cymaint o bwys arno, ac y dangosir cymaint o awydd am ei gyrhaedd,— . . ."

Roedd diwinyddiaeth diwygiad Sankey a Moody yn apelio, ac yn wir, yn cynrychioli safbwynt Ieuan Gwyllt. Rhaid cofio na fu fel Lewis Edwards, un arall o'i gyfoedion o Benllwyn, mewn Coleg ac na chafodd unrhyw hyfforddiant diwinyddol. Plentyn ei gyfnod oedd, a'r hyn sy'n hynod yw fod gŵr a oedd yn ' ddiwygiwr ' ym myd caniadaeth y cysegr yn draddodiadwr pan ddowch at ei safbwynt diwinyddol. Cyfyngodd ei arloesi i un cylch. Ni ellir ei feio am hynny, oherwydd ' caniadaeth y cysegr ' fu maes ei fyfyrio a'i chwilio. Eto, wedi dweud hynna, rhaid cofio ei fod yn radical yn wleidyddol. Roedd radicaliaeth yn ei gerddoriaeth a'i wleidyddiaeth, ond heb fod ar gyfyl ei ddiwinyddiaeth, a dyna pam y bu mor hapus o fewn i ffrâm ddiwinyddol ffwndamentalaidd Sankey a Moody.

Rhaid dychwelyd at ei emynau, diau mai fel cyfieithydd y'i

cofir. Mae dau gyfieithiad yn *Llyfr Emynau y Methodistiaid Calfinaidd* ; rhif 288,

Mi glywaf dyner lais
  Yn galw arnaf fi,
I ddod a golchi meiau i gyd
  Yn afon Calfari.

Teilynga hwn ei le ymhob casgliad. Mae'n gyfieithiad ardderchog. Yn wir, onibai ein bod yn gwybod mai cyfieithiad yw byddem yn barod i dyngu mai emyn Cymraeg yw o'r dechrau ; a dyna'r prawf ucha' ar gyfieithu da, sef, nad yw'n swnio fel cyfieithiad. Yna emyn 750, yr emyn a gysylltir â TROYTE'S CHANT, emyn hwyrol cyfoethog,

Trig gyda mi, fy Nuw, mae'r dydd yn ffoi,
Cysgodau'r hwyr o'm hamgylch sy'n crynhoi
Diflanna nerth y ddaear hon a'i bri,
Cynhorthwy'r gwan, O ! aros gyda mi.

Cyfeiriwyd a chymharwyd eisoes ei gyfieithiadau o emynau Sankey. Rhaid rhoi sylw i'r rheini fel ei brif waith fel cyfieithydd. Cydnebydd ef ei hun mai ' efelychiadau ' yw rhai ohonynt, a does fawr a amheuaeth na fentrodd, ar dro, i grwydro oddi wrth y gwreiddiol. Prif nodwedd y gwreiddiol oedd uniongyrchedd a chadwyd y nodwedd honno yng ngwaith Ieuan Gwyllt. Penillion hawdd eu cofio, rhai'n dweud eu neges yn gwbl uniongyrchol a'r dôn yn help i'w plannu yn ddiollwng yn y cof. Fe ganodd Ieuan Gwyllt ei ffordd i galon y genedl gyda'i *Swn y Jiwbili.* Byddai'n ddiddorol cael gwybod a fyddai'n fodlon cael ei gofio, yn bennaf, ar bwys y cyfraniad yna. Oherwydd erys y ffaith i'r cerddor chwaethus, gŵr y safonau uchel, dderbyn a hyrwyddo cerddoriaeth eilradd, a dweud y lleiaf. A'r un peth am y cyfieithiadau, nid oes ymgais i fod yn llenyddol, dweud a chanu'r neges heb boeni am ddim arall, dyna'r amcan. Gŵr wedi ei ysgubo gan lifeiriant diwygiadol sydd yn *Swn y Jiwbili* a'r safonau a'r canonau y gosododd gymaint o bwys arnynt wedi mynd i'r pedwar gwynt. Nid yw hynny'n gyfystyr â gwadu nad oes iddynt rin a gwerth. Ond yn sicr Ieuan Gwyllt gwahanol a geir ynddynt. A ydyw diwygiad yn lles i bawb ? Mae llawer o ffordd rhwng Williams Pantycelyn a *Swn y Jiwbili* ! Gwir i'r Pêr Ganiedydd ganu i alawon poblogaidd, cyfoes, eto mae ei emynau'n farddoniaeth gyfoethog. Ni fynnaf swnio'n rhy llawdrwm ar Ieuan Gwyllt, symud diwygiad a'i gyfryngau o un cyfandir i'r llall a wnaeth, trawsblannu o un diwylliant i'r llall heb fod y trawsblannu yn gwbl berthnasol. Roedd gan Gymru draddodiad o emynau diwygiad a llawer o'r rheini â champ arnynt. Ond, rhodder clod i Ieuan Gwyllt am un peth pwysig, dysgodd i ni fod yna rinwedd mewn dweud y stori heb ffrils, a phan gofiwch chi am bregethu areithyddol, crand y Gymru yr oedd Ieuan Gwyllt yn rhan ohoni, roedd honno'n wers a galw am ei chyhoeddi. Doedd e ddim yn un o'r rhai huawdl, ac efallai y gellir esbonio ei ddal gan ddiwygiad Sankey a Moody fel ei adwaith i'r math o bregethu a'r traddodiad bardd-bregethwr a geid. Roedd rhinwedd mewn bod yn syml ac uniongyrchol, ac os oes gyda chi rywbeth i'w ddweud, wel, dwedwch e'n ddiffws, a'r siawns yw, os nad oes gyda chi ddim i'w ddweud y byddwch yn ei wisgo â chrandrwydd i guddio'r noethni.

Soniwyd amdano fel newyddiadurwr llawn-amser. Rhyw ragluniaeth ryfedd a'i tywysodd i'r byd hwnnw. Ni feddyliodd am yrfa fel golygydd papur newydd. Wedi cael ei hun yn y gadair gafaelodd yn ei dasg o ddifrif. Y farn gyffredin yw nad oedd yn olygydd arbennig. Tueddai i sgrifennu gormod ei hun. Dyna'i fai pan olygai *Y Goleuad.* Tybed a ydym wedi gwneud cyfiawnder â'i waith fel golygydd ? Daw ei radicaliaeth iach i'r brig ymhob dim. Ceisiai arwain a lliwio barn a hynny ar faterion llosg y dydd. Cafodd Henry Richard, Apostol Heddwch un o'i gefnogwyr pybyraf yn Ieuan Gwyllt. Diau ei fod yn sgrifennu'n drymaidd, a chwmpasog, ar dro, ond dyna oedd arddull y cyfnod, ond nid oes neb nad yw'n gweld i ba ochr y perthyn ef. Os nad oedd yn un o'r golygyddion 'mawr', roedd yn olygydd o bwys yn y Gymru honno, a rhaid ei ystyried fel un a gyfrannodd yn helaeth at dŵf radicaliaeth, ac a borthodd y gydwybod-ymneilltuol, a bu ar flaen y gâd gyda Mudiad Dirwest. Cafwyd ynddo un o apostolion piwritaniaeth a defnyddiodd ei bapurau gwahanol i gyhoeddi'r gwirionedd fel y'i gwelai. Byddai dethol pytiai o'i gyfraniadau golygyddol yn gymwynas ag e, ac yn ddios, yn agoriad llygad i ni i weld gwir gyfraniad a phwysigrwydd Ieuan Gwyllt fel golygydd. Mae'n weddol siŵr iddo fod yn llai llwyddiannus fel golygydd *Y Goleuad*, nag ydoedd fel golygydd *Yr Amserau* a'r *Gwladgarwr*. Roedd elfen, ac y mae felly o hyd, o geidwadaeth dorïaidd yng ngwythiennau yr Hen Gorff. Roedd hynny'n wir iawn yn nyddiau Ieuan Gwyllt, a diau fod ei wleidyddiaeth fentrus yn ormod i rai o'r saint i'w stumogi ! Mae'r *Goleuad* ers blynyddoedd wedi peidio â gweld ei chenhadaeth fel offeryn i lunio a lliwio barn. Adleisio barn a wna, a pheth gwan yw eco. Roedd yr elfen broffwydol, y fel-hyn-y-dywed-yr-Arglwydd yn bwysig i Ieuan Gwyllt a doedd hi o un pwys beth feddyliai yr 'arglwyddi bach a mawr'. Ni all rhywun ond ymateb gyda chynhesrwydd i'w draethu grymus, i'w arweiniad clir, i'w safonau sicr. Roedd e'n llais yr oedd yn rhaid gwrando arno.

Rhaid tynnu i'r terfyn, wrth wneud hynny, gwêl rhywun yn glir iddo fod yng nghwmni person amryddawn, amlochrog. Gŵr o weledigaeth ac argyhoeddiad ac iddo mewn oes gymharol fer wneud cyfraniad enfawr i fywyd Cymru yn gerddorol, yn grefyddol, ac yn newyddiadurol. Dyw hi ddim yn rhyfedd fod yna anghysonderau ac anwastadrwydd, pwy a allai fod yn gwbl gyson ymhob maes ?

Un peth sydd yn sicr, rydym yn ddiolchgar i Evan Roberts, y gogrwr, am fentro i'r ddrycin ar nos Rhagfyr 27, 1822.

Gollyngodd enaid i ddrycin Cymru y bedwaredd-ganrif-ar-bymtheg ym mherson ei fab, John Roberts a fu'n foddion i adael Cymru yn decach lle, nag y'i cafodd. Ni all neb sy am dreiddio i'r adnabyddiaeth o'r ganrif fforddio esgeuluso mab y gogrwr o Danrhiwfelen, Capel Seion. Mae ei dôn MOAB, ffrwyth steddfod yn Seion ei faboed, wedi hebrwng llawer o'u cyd-Gymry i fyd arall. Cyhoeddwn yn awr i ddiweddu'r hanes

Ar lan Iorddonen ddofn,
  Rwy'n oedi'n nychlyd
Mewn blys mynd trwy, ac ofn
  Ei stormydd enbyd
O ! na bai modd i mi
  Ysgoi ei hymchwydd hi,
A hedfan uwch ei lli
  I'r Ganaan hyfryd.

Mae'n siŵr fod ail bennill Ieuan Glan Geirionydd yn mynegi profiad Ieuan Gwyllt.

Wrth gofio grym y dŵr,
  A'i thonnog genlli,
A'r mynych rymus ŵr
  A suddodd ynddi ;
Mae braw ar f'enaid gwan
  Mai boddi fydd fy rhan,
Cyn cyrraedd tawel lan,
  Bro y goleuni.

Fe dorrodd ' grym y dŵr ' arno, gwelodd ' fynych, rymus ŵr yn suddo,' ond cadwodd ei ben uwchlaw'r dŵr, hyd y diwedd. Cafodd help, bu'r breichiau tragwyddol o dan ei ên, a chanodd ei gân i'r Arglwydd.